Contaminación

y

cáncer:

una relación

tóxica

LEONARD HEALWISE

Índice

« *La contaminación es el fantasma silencioso de nuestro aire, agua y suelo; un asesino insidioso que acecha en las sombras de nuestra vida cotidiana, sembrando silenciosamente las semillas del cáncer.* »

Introducción

¿Por qué este libro?

¿Por qué este libro? Merece la pena plantearse la pregunta, porque en el fondo subyace una cuestión que nos afecta a todos, de un modo u otro. En un mundo en el que el progreso industrial y tecnológico ha primado a menudo sobre la preservación de nuestro medio ambiente, nos enfrentamos a una realidad preocupante: la contaminación, en sus múltiples formas, se ha convertido en una compañera constante de nuestra vida cotidiana. Sus efectos nocivos sobre nuestra salud ya no se cuestionan y, entre ellos, la relación con el aumento de los casos de cáncer es cada vez más evidente.

Por ello, este libro pretende ser una llamada de atención, pero también una fuente de información y sensibilización. No es simplemente una recopilación de hechos y datos científicos; es un espejo en el que se reflejan las historias de quienes viven día a día en entornos contaminados, y los relatos de quienes han visto cómo el cáncer llamaba sin piedad a su puerta o a la de sus seres queridos.

En estas páginas, no sólo exploramos los aspectos científicos del cáncer y las diversas formas de contaminación, sino que también nos adentramos en las historias humanas, las luchas y las esperanzas de quienes están en primera línea. Este libro intenta tender un puente entre el rigor de la investigación científica y la realidad que viven millones de personas. Pretende mostrar que detrás de cada estadística hay rostros, nombres y familias.

El objetivo de esta obra es doble. En primer lugar, ofrecer una comprensión clara y accesible de los mecanismos por los que la contaminación influye en el desarrollo del cáncer, basándose en las últimas investigaciones en este campo. En segundo lugar, dar voz a aquellos cuyas vidas se han visto marcadas por esta realidad, compartiendo sus experiencias, sus retos y sus esperanzas.

Este libro es una invitación a mirar más allá de las cifras y los estudios. Es una llamada a reconocer y comprender la urgente necesidad de actuar contra la contaminación, no sólo como crisis medioambiental, sino también como crisis sanitaria. Es un llamamiento a la concienciación, la movilización y la acción colectivas para proteger nuestra salud, la de nuestros seres queridos y la de las generaciones futuras.

En definitiva, este libro no es sólo otro libro sobre contaminación y cáncer. Es un testimonio, una guía y una llamada a la acción. Representa un paso hacia un futuro en el que la salud y el medio ambiente ya no estén en conflicto, sino que coexistan en armonía.

Lo que sabemos
sobre el cáncer y la contaminación

Lo que sabemos sobre el cáncer y la contaminación es un conjunto de hechos y conocimientos acumulados a lo largo de los años, mediante estudios rigurosos, investigaciones en profundidad y observaciones sobre el terreno. Se trata de un ámbito en el que la ciencia se encuentra con la realidad cotidiana de las personas, revelando un panorama a la vez complejo y alarmante.

El cáncer, esta enfermedad polifacética y a menudo despiadada, se ha considerado durante mucho tiempo una fatalidad, una consecuencia ineludible de la genética o el envejecimiento. Sin embargo, nuestros conocimientos han evolucionado. Ahora sabemos que los factores ambientales, y la contaminación en particular, desempeñan un papel crucial en el desarrollo de muchos tipos de cáncer.

La contaminación, ya sea en el aire, el agua o el suelo, no es un enemigo visible. Se cuela en nuestro entorno de diversas formas: partículas finas en el aire que respiramos, contaminantes químicos en el agua que bebemos y residuos tóxicos en el suelo en el que vivimos y cultivamos nuestros alimentos. Estos contaminantes son agentes silenciosos pero terriblemente eficaces, capaces de alterar nuestra biología al nivel más fundamental, dañando el ADN y perturbando los procesos celulares, creando un caldo de cultivo para el desarrollo del cáncer.
Los estudios epidemiológicos han establecido vínculos entre la exposición a determinadas sustancias tóxicas y un mayor riesgo de padecer diversos tipos de cáncer. Por ejemplo, la contaminación atmosférica, clasificada como carcinógeno

humano por la Organización Mundial de la Salud, se ha relacionado con cánceres de pulmón, vejiga y otros órganos. Los contaminantes del agua, como los metales pesados y los productos químicos industriales, también se han relacionado con un mayor riesgo de cáncer.

Pero lo que sabemos va más allá de las estadísticas y los datos. Se trata de entender cómo afecta la contaminación a la vida cotidiana de las personas, cómo se infiltra en sus hogares, sus lugares de trabajo e incluso en las zonas de juego de sus hijos. Se trata de reconocer que la contaminación y el cáncer no son sólo problemas de salud individual, sino también cuestiones de justicia social y medioambiental, que afectan desproporcionadamente a las comunidades pobres y marginadas.

En resumen, lo que sabemos sobre el cáncer y la contaminación es una llamada a la acción. Es una invitación a replantearnos nuestra relación con el medio ambiente, a reevaluar nuestras prácticas industriales y a adoptar estilos de vida más sanos y sostenibles. Es un recordatorio de que la lucha contra el cáncer está intrínsecamente ligada a nuestra lucha por un medio ambiente más limpio y seguro para todos.

Objetivo del libro

El objetivo de este libro, "Contaminación y cáncer: una relación tóxica", es triple: informar, sensibilizar y movilizar. Pretende ofrecer una comprensión completa y matizada de la relación entre contaminación y cáncer, destacando las últimas investigaciones científicas, estudios de casos reales y relatos personales. El libro pretende ser tanto una guía educativa como un alegato a favor de la acción colectiva, destacando la importancia de la prevención, la regulación y la responsabilidad social en la lucha contra estas dos lacras.

Capítulo 1

CÁNCER EN EL MUNDO MODERNO

Entender el cáncer: definiciones y tipos

El cáncer, a menudo considerado como una enfermedad compleja y multifactorial, se caracteriza esencialmente por el crecimiento y la proliferación anormales de las células. Para comprender plenamente el impacto de la contaminación en el cáncer, es crucial entender primero qué es el cáncer y sus diferentes tipos.

Definición de cáncer

El cáncer no es una sola enfermedad, sino un grupo de enfermedades vinculadas por un rasgo común: el crecimiento incontrolado de células anormales. Estas células cancerosas pueden invadir tejidos adyacentes y extenderse a otras partes del cuerpo, un proceso conocido como metástasis. A diferencia de las células normales, las células cancerosas no responden a las señales reguladoras que controlan el crecimiento y la división celular, lo que da lugar a tumores y lesiones en diversos órganos.

Tipos de cáncer

El cáncer se presenta en muchas formas, cada una de las cuales afecta a una parte diferente del cuerpo y tiene características distintas:
- Cánceres Carcinomas
  - Estos cánceres se desarrollan en las células epiteliales, que forman la capa externa de la piel y ciertos tejidos internos.
  - Ejemplos comunes: cáncer de mama, cáncer de pulmón, cáncer de próstata y cáncer colorrectal.
- Cánceres de sarcoma
  - Los sarcomas se originan en tejidos de soporte como huesos, cartílagos, grasa, músculos y vasos sanguíneos.
  - Ejemplos: osteosarcoma (hueso) y liposarcoma (tejido adiposo).
- Leucemia
  - Estos cánceres afectan a los tejidos que forman la sangre, como la médula ósea, y provocan una producción excesiva de células sanguíneas anormales.
  - Tipos: leucemia linfocítica aguda, leucemia mieloide crónica, etc.

- Linfomas
    - Los linfomas afectan al sistema linfático, una parte crucial del sistema inmunitario.
    - Dos categorías principales: linfoma de Hodgkin y linfoma no Hodgkin.
- Cáncer cerebral y otros tumores del sistema nervioso
    - Estos cánceres afectan al cerebro y a la médula espinal.
    - Ejemplos: glioma y astrocitoma.
- Melanoma y otros cánceres de piel
    - Estos cánceres se desarrollan a partir de células de la piel, en particular los melanocitos, responsables de la pigmentación cutánea.
- Cánceres de los órganos reproductores
    - Afecta a los órganos reproductores, como los ovarios y el útero en las mujeres, y los testículos y la próstata en los hombres.

Cada tipo de cáncer tiene sus propias características, tratamientos y pronóstico, lo que hace aún más compleja la lucha contra él. Comprender estos distintos tipos es fundamental para entender cómo los factores ambientales, como la contaminación, pueden influir en su desarrollo y progresión.

Factores de riesgo del cáncer

Los factores de riesgo del cáncer son muchos y variados, y abarcan factores genéticos, ambientales, de comportamiento e incluso de estilo de vida. Comprender estos factores es esencial si queremos entender la complejidad del cáncer e identificar formas de prevenir y reducir los riesgos.

Factores genéticos

- **Herencia:** Ciertos tipos de cáncer, como el de mama, ovario, colon y recto, pueden ser hereditarios debido a mutaciones genéticas.
- **Predisposición genética:** mutaciones específicas en genes como BRCA1 y BRCA2 aumentan el riesgo de padecer determinados cánceres.

Factores medioambientales y exposición

- **Contaminación atmosférica: las** partículas finas y los contaminantes atmosféricos están relacionados con un mayor riesgo de cáncer de pulmón y otros tipos de cáncer.
- **Exposición a sustancias químicas:** Sustancias como el amianto, el benceno, las dioxinas y determinados pesticidas han sido clasificadas como cancerígenas.
- **Radiación:** La exposición a radiaciones ionizantes (como los rayos X y gamma) y ultravioleta puede aumentar el riesgo de cáncer.

Factores relacionados con el comportamiento y el estilo de vida

- **Tabaquismo:** Fumar es uno de los principales factores de riesgo del cáncer de pulmón y también contribuye a muchos otros tipos de cáncer.
- **Alcohol: El** consumo excesivo de alcohol se asocia a un mayor riesgo de cáncer de boca, hígado, mama, colon y recto.
- **Dieta y actividad física:** Una dieta desequilibrada y la falta de actividad física pueden aumentar el riesgo de padecer ciertos tipos de cáncer.
- **Obesidad:** la obesidad es un factor de riesgo reconocido de varios tipos de cáncer, como el de endometrio, mama, ovarios, colon y recto.

Infecciones

- **Virus y bacterias:** algunos patógenos, como el virus del papiloma humano (VPH), la hepatitis B y C y la bacteria Helicobacter pylori, se asocian a un mayor riesgo de cáncer.

Edad

- **Envejecimiento: El** riesgo de desarrollar cáncer aumenta generalmente con la edad, debido a la acumulación de mutaciones genéticas a lo largo del tiempo y a la menor eficacia de los mecanismos de reparación del ADN.

Es importante señalar que la presencia de uno o más de estos factores de riesgo no significa que una persona vaya a desarrollar necesariamente un cáncer. El cáncer suele ser el resultado de una compleja interacción entre numerosos factores de riesgo. Además, muchos cánceres se desarrollan en individuos sin factores de riesgo conocidos. Sin embargo, el conocimiento y la gestión de estos factores pueden desempeñar un papel crucial en la prevención y la detección precoz del cáncer.

Evolución de la investigación sobre el cáncer

La evolución de la investigación oncológica es una historia fascinante de descubrimientos, innovación y progreso continuo. Describe un viaje marcado por grandes avances científicos, pero también por retos y lecciones aprendidas.

Los inicios de la investigación sobre el cáncer

- **Orígenes antiguos: las** primeras menciones del cáncer se remontan a la Antigüedad, pero fue en el siglo XIX cuando comenzó realmente la investigación científica sobre el cáncer.
- **Desarrollo de la teoría celular:** En el siglo XIX, el descubrimiento de que el cáncer surge de la transformación de células normales sentó las bases de la comprensión moderna del cáncer.

Avances en el siglo XX

- **Descubrimiento de carcinógenos: en** el siglo XX se identificaron los primeros carcinógenos, como el alquitrán de hulla y el tabaco.
- **Desarrollo de la quimioterapia: La** quimioterapia se introdujo a mediados del siglo XX, ofreciendo un nuevo tipo de tratamiento para el cáncer.
- **Avances en radiología: la** mejora de las técnicas radiográficas ha permitido mejorar el diagnóstico y el tratamiento del cáncer.

Genética y biología molecular

- **Revolución genética: el final del** siglo XX y el principio del XXI han estado marcados por enormes avances en la comprensión de la genética del cáncer.
- **Terapias dirigidas: La** aparición de terapias dirigidas específicamente a las anomalías genéticas y moleculares de las células cancerosas ha transformado el tratamiento de muchos tipos de cáncer.

Inmunoterapia y tratamientos avanzados

- **Inmunoterapia: En los** últimos años, la inmunoterapia, que utiliza el propio sistema inmunitario del organismo para combatir el cáncer, se ha convertido en una prometedora opción de tratamiento.
- **Terapias personalizadas: La** investigación avanza cada vez más hacia tratamientos personalizados basados en las características genéticas y moleculares específicas de los tumores.

Investigación actual y futura

- **Enfoques multidisciplinares: la** investigación actual sobre el cáncer implica un enfoque multidisciplinar, que combina la genética, la biología molecular, la inmunología y otros campos.
- **Tecnología y Big Data:** el uso de inteligencia artificial y Big Data para analizar conjuntos de datos complejos está abriendo nuevas vías para comprender y tratar el cáncer.
- **Prevención y cribado:** también se hace cada vez más hincapié en la prevención, el cribado precoz y la concienciación sobre factores de riesgo como la contaminación.

La evolución de la investigación sobre el cáncer es un ejemplo de cómo la ciencia avanza a veces a pasos agigantados y otras de forma gradual, a medida que los investigadores se basan en los conocimientos existentes y exploran nuevas vías. Aunque aún quedan muchos retos por superar, la historia de la investigación oncológica es una historia de progreso constante y esperanza renovada para el futuro.

Capítulo 2

CONTAMINACIÓN: UN MAL SILENCIOSO

¿Qué es la contaminación?

La contaminación, en su sentido más amplio, se refiere a la introducción en el medio ambiente de sustancias o factores que tienen un efecto nocivo sobre la naturaleza y los seres vivos. Se trata de un problema complejo y multidimensional, que afecta al aire, el agua, el suelo e incluso el ruido y la luz. Las repercusiones de la contaminación son enormes, desde la degradación de los ecosistemas naturales hasta efectos directos y graves sobre la salud humana, incluido el aumento del riesgo de enfermedades como el cáncer.

Tipos de contaminación
> Contaminación atmosférica :
>> De fuentes como las emisiones de los vehículos, las fábricas, las centrales eléctricas e incluso las actividades agrícolas.
>>
>> Incluye contaminantes como las partículas finas (PM2,5 y PM10), el dióxido de azufre, el monóxido de carbono y los óxidos de nitrógeno.
>
> Contaminación del agua :
>> Resultado del vertido de sustancias nocivas en ríos, lagos, océanos y aguas subterráneas.
>>
>> Esto incluye aguas residuales, residuos industriales, pesticidas y herbicidas procedentes de la agricultura y vertidos de petróleo.
>
> Contaminación del suelo :
>> Ocurre cuando se derraman sustancias químicas o residuos en el suelo o se entierran.
>>
>> Puede proceder de la agricultura (pesticidas y fertilizantes), de vertederos industriales y de una gestión inadecuada de los residuos.
>
> Contaminación acústica :
>> Ruido excesivo procedente del tráfico, las actividades industriales, los edificios e incluso las actividades de ocio.
>>
>> Puede causar estrés, trastornos del sueño y otros problemas de salud.
>
> Contaminación lumínica :
>> Iluminación artificial excesiva, sobre todo en zonas urbanas.
>>
>> Impacta los ciclos naturales de los animales y puede tener efectos sobre la salud humana.

Contaminación térmica :
Aumento anormal de la temperatura en el medio ambiente, a menudo debido a procesos industriales.
Afecta a los ecosistemas acuáticos y puede alterar los ciclos vitales de las especies.

Contaminación radiactiva :
Liberación de sustancias radiactivas al medio ambiente, a menudo en relación con la energía nuclear o accidentes nucleares.
Tiene efectos a largo plazo sobre la salud y el medio ambiente.

Causas y consecuencias

La contaminación está causada principalmente por actividades humanas, aunque también contribuyen fuentes naturales como las erupciones volcánicas. Sus consecuencias son diversas: degradación de hábitats naturales, pérdida de biodiversidad, cambio climático y efectos sobre la salud humana como enfermedades respiratorias, cardiopatías y cáncer.

En el contexto de este libro, la contaminación se examina específicamente por su papel en el aumento del riesgo de cáncer, subrayando la importancia de conocer y controlar las fuentes de contaminación para proteger la salud pública y el medio ambiente.

Las principales fuentes de contaminación

Las principales fuentes de contaminación son diversas y abarcan múltiples sectores de la actividad humana. Comprender estas fuentes es crucial si queremos abordar con eficacia la prevención y reducción de la contaminación. He aquí un resumen de las principales fuentes de contaminación:

Industria:
Emisiones industriales: las fábricas e instalaciones de producción a menudo liberan contaminantes en el aire, el agua y el suelo, incluidos metales pesados, productos químicos tóxicos y partículas finas.

Residuos industriales: La gestión inadecuada de los residuos industriales puede provocar la contaminación de vastas zonas, afectando a los ecosistemas y a la salud humana.

Transporte :

Vehículos de motor: Coches, camiones, motos, aviones y barcos emiten gases de escape que contienen sustancias nocivas como óxidos de nitrógeno, monóxido de carbono e hidrocarburos.

Infraestructuras de transporte: la construcción y el mantenimiento de carreteras, aeropuertos y puertos marítimos también pueden contribuir a la contaminación ambiental.

Agricultura :

Pesticidas y herbicidas: El uso intensivo de productos químicos en la agricultura puede contaminar el agua, el suelo y los productos alimenticios.

Ganadería: Las explotaciones ganaderas producen importantes cantidades de residuos orgánicos, que pueden contaminar las vías fluviales y liberar gases de efecto invernadero.

Energía :

Centrales eléctricas: Las centrales eléctricas que funcionan con carbón, gas natural o petróleo son fuentes importantes de emisiones de dióxido de carbono y otros contaminantes atmosféricos.

Extracción y procesamiento de recursos: la extracción de petróleo, gas natural y minerales puede provocar vertidos, fugas y otras formas de contaminación.

Deforestación y urbanización :

Deforestación: La eliminación de grandes extensiones de bosque para dedicarlas a la agricultura, la vivienda o la industria reduce la capacidad de la naturaleza para filtrar los contaminantes.

Expansión urbana: la creciente urbanización está provocando un aumento de la contaminación procedente de la construcción, el tráfico y otras actividades urbanas.

Residuos domésticos e industriales :

Gestión de residuos: Los vertederos, la incineración de residuos y la eliminación inadecuada de productos químicos domésticos contribuyen a la contaminación del suelo y el agua.

Actividades mineras :

Minería: la extracción de minerales y metales puede contaminar el agua y el suelo con sustancias tóxicas.

Contaminación digital :

Tecnología de la información: los centros de datos, el uso masivo de Internet y los equipos electrónicos consumen grandes cantidades de energía y generan calor.

Estas fuentes de contaminación a menudo interactúan, creando problemas ambientales complejos que requieren soluciones integradas. El conocimiento de estas fuentes y su gestión eficaz son esenciales para reducir el impacto ambiental y proteger la salud pública.

Efectos de la contaminación en la salud humana

La contaminación tiene un impacto profundo y a menudo devastador en la salud humana, afectando a casi todos los aspectos del bienestar físico y mental. Los efectos de la contaminación varían en función de la naturaleza y la intensidad de la exposición a los contaminantes, así como de características individuales como la edad, el estado de salud y la genética. He aquí un resumen de los principales efectos de la contaminación sobre la salud humana:

Efectos respiratorios

Enfermedades respiratorias: La contaminación atmosférica, en particular las partículas finas y los gases contaminantes, puede provocar o agravar enfermedades respiratorias como el asma, la bronquitis crónica y la enfermedad pulmonar obstructiva crónica (EPOC).

Cáncer de pulmón: La exposición prolongada a determinados contaminantes, como partículas finas y compuestos cancerígenos en el aire, aumenta significativamente el riesgo de cáncer de pulmón.

Efectos cardiovasculares

Enfermedades cardiovasculares: La contaminación puede contribuir a los problemas cardiovasculares, incluidas las enfermedades coronarias, los infartos de miocardio y los derrames cerebrales.

Hipertensión: La exposición crónica a la contaminación atmosférica se ha asociado a un aumento de la presión arterial y a un mayor riesgo de hipertensión.

Efectos en la salud reproductiva

Problemas de fertilidad: Ciertos contaminantes, como los metales pesados y los disruptores endocrinos, pueden afectar a la fertilidad tanto en hombres como en mujeres.

Efectos sobre el desarrollo fetal: La exposición a la contaminación durante el embarazo puede provocar complicaciones como parto prematuro, bajo peso al nacer y anomalías congénitas.

Efectos neurológicos

Trastornos neurológicos: Los estudios sugieren una relación entre la contaminación y trastornos neurológicos como la enfermedad de Alzheimer, la enfermedad de Parkinson y el deterioro cognitivo.

Desarrollo cerebral en los niños: La exposición temprana a ciertos contaminantes puede afectar al desarrollo cerebral de los niños, provocando retrasos en el desarrollo y problemas de aprendizaje.

Efectos dermatológicos

Problemas cutáneos: La contaminación puede causar o agravar problemas cutáneos como eczemas, psoriasis y acné.

Efectos psicológicos

Estrés y ansiedad: La contaminación acústica y atmosférica puede aumentar el estrés y la ansiedad, afectando al bienestar mental.

Depresión: Los estudios han encontrado asociaciones entre la contaminación y una mayor prevalencia de síntomas depresivos.

Otros efectos

Sistema inmunitario: La contaminación puede debilitar el sistema inmunitario, haciendo a las personas más susceptibles a las infecciones.

Longevidad y calidad de vida: La exposición continuada a la contaminación puede reducir la esperanza de vida y disminuir la calidad de vida en general.

Estos efectos subrayan la importancia del control de la contaminación para proteger la salud pública. Reducir la contaminación no es sólo una cuestión medioambiental, sino también una necesidad urgente para mejorar la salud y el bienestar de las personas en todo el mundo.

Capítulo 3

RELACIÓN ENTRE CONTAMINACIÓN Y CÁNCER

Pruebas científicas del vínculo

La existencia de un vínculo entre contaminación y cáncer está sólidamente respaldada por un creciente número de pruebas científicas. Estas pruebas proceden de diversos estudios epidemiológicos, investigaciones clínicas y análisis toxicológicos. He aquí algunos aspectos clave de estas pruebas:

Estudios epidemiológicos

Correlación entre contaminación e incidencia de cáncer: Numerosos estudios epidemiológicos han demostrado una correlación entre la exposición a la contaminación y una mayor incidencia de determinados tipos de cáncer, en particular de pulmón, vejiga y mama.

Estudios de cohortes y de casos y controles: Estos estudios realizan un seguimiento de grandes grupos de personas durante largos periodos o comparan individuos expuestos a contaminantes con individuos no expuestos, lo que aporta pruebas de la relación entre la exposición a la contaminación y el riesgo de cáncer.

Investigación clínica y toxicológica

Efectos cancerígenos de los contaminantes : La investigación clínica y toxicológica ha identificado varias sustancias presentes en la contaminación (como el benceno, el amianto y determinados hidrocarburos policíclicos aromáticos) como cancerígenas.

Mecanismos biológicos: los estudios han demostrado cómo estas sustancias pueden dañar el ADN, provocar mutaciones y alterar el funcionamiento normal de las células, lo que conduce al desarrollo del cáncer.

Informes y evaluaciones de organizaciones sanitarias

Clasificación de contaminantes por la OMS y el CIIC: La Organización Mundial de la Salud (OMS) y el Centro Internacional de Investigaciones sobre el Cáncer (CIIC) han clasificado varios contaminantes como cancerígenos para el ser humano, basándose en pruebas científicas.

Evaluaciones globales: estas organizaciones también proporcionan evaluaciones globales de los riesgos asociados a la contaminación, lo que refuerza el vínculo entre contaminación y cáncer.

Estudios de casos e informes anecdóticos

Zonas de alta contaminación: los estudios de casos en zonas de alta contaminación industrial o urbana suelen mostrar tasas de cáncer superiores a la media.

Testimonios de las comunidades afectadas : Aunque anecdóticos, los testimonios de personas que viven en zonas contaminadas ofrecen perspectivas humanas que corroboran los datos científicos.

Avances en biomarcadores e imagen

Detección precoz: El desarrollo de biomarcadores y técnicas avanzadas de imagen ha permitido comprender mejor y detectar precozmente los efectos cancerígenos de la contaminación.

Estas pruebas constituyen una base sólida para afirmar que la contaminación es un importante factor de riesgo de cáncer. Subraya la importancia de las políticas y prácticas destinadas a reducir la contaminación para proteger la salud pública.

Mecanismos biológicos y químicos

Los mecanismos biológicos y químicos por los que la contaminación contribuye al desarrollo del cáncer son complejos e implican varias vías a nivel celular y molecular. He aquí un resumen de estos mecanismos:

Genotoxicidad y mutaciones del ADN

Daños en el ADN: Muchos contaminantes son genotóxicos, lo que significa que pueden dañar directamente el ADN de las células. Esta alteración puede provocar mutaciones genéticas que conduzcan a la transformación de células cancerosas.

Radicales libres: algunos contaminantes, como las partículas finas, pueden generar radicales libres que dañan el ADN, las proteínas y los lípidos celulares, contribuyendo así a la carcinogénesis.

Alteraciones endocrinas

Alteradores endocrinos: Algunos contaminantes actúan como alteradores endocrinos, imitando o interfiriendo con las hormonas naturales del organismo. Esto puede desequilibrar los procesos hormonales que regulan el crecimiento y la reproducción celular, aumentando el riesgo de cánceres hormonodependientes como el de mama y el de próstata.

Inflamación crónica

Respuesta inflamatoria: La exposición a determinados contaminantes puede provocar una inflamación crónica que, si persiste, puede favorecer el crecimiento y la propagación de las células cancerosas.

Citocinas y factores de crecimiento: la inflamación crónica puede provocar un aumento de las citocinas y los factores de crecimiento, que pueden estimular la división celular e inhibir los procesos de muerte celular programada (apoptosis), favoreciendo así el cáncer.

Inmunosupresión

Debilitamiento del sistema inmunitario: Ciertos contaminantes pueden debilitar el sistema inmunitario, reduciendo su capacidad para detectar y destruir células cancerosas o reparar daños en el ADN.

Activación de oncogenes e inactivación de genes supresores de tumores

Cambios genéticos: la contaminación puede provocar la activación de oncogenes (genes que, cuando mutan o se expresan a niveles anormales, pueden provocar cáncer) y la inactivación de genes supresores de tumores, alterando así el control normal del crecimiento celular.

Deterioro de la comunicación celular

Señalización celular: los contaminantes pueden alterar las vías de señalización celular que regulan el crecimiento, la división y la muerte de las células, lo que conduce a una proliferación celular incontrolada.

Epigenética

Modificaciones epigenéticas: Algunos contaminantes pueden inducir modificaciones epigenéticas (cambios en la expresión de los genes sin alterar la secuencia del ADN), influyendo así en el comportamiento celular de una forma que puede favorecer el desarrollo del cáncer.

Estos mecanismos muestran cómo los contaminantes ambientales pueden iniciar o promover el proceso carcinogénico a varios niveles de la biología celular y molecular. Comprender estos mecanismos es esencial para desarrollar estrategias eficaces de prevención y tratamiento del cáncer relacionado con la contaminación.

Estudio de caso: zonas muy contaminadas

Las zonas altamente contaminadas ofrecen estudios de casos cruciales para comprender el impacto de la contaminación en la salud humana, sobre todo en términos de mayor riesgo de cáncer. Estos casos suelen poner de relieve correlaciones sorprendentes entre altos niveles de contaminación y una elevada incidencia de determinadas enfermedades, incluidos varios tipos de cáncer. He aquí algunos ejemplos notables:

1. La cuenca industrial del Ruhr en Alemania

     Historia: Una de las zonas industriales más densamente pobladas de Europa, conocida por sus acerías y minas de carbón.

     Problemas de salud: Diversos estudios han puesto de manifiesto altos índices de enfermedades respiratorias y cáncer, sobre todo de pulmón, relacionados con la contaminación atmosférica y las emisiones industriales.

2. Triángulo de la Muerte en Italia

     Localización: Esta región alrededor de Nápoles es tristemente célebre por su alta incidencia de cáncer, atribuida a la gestión ilegal de residuos industriales y a la contaminación del agua y el suelo.

     Conclusiones: La investigación ha revelado una relación entre la exposición a sustancias tóxicas en el medio ambiente y un mayor riesgo de varios tipos de cáncer.

3. Bhopal, India

     Catástrofe: La catástrofe de 1984 en la planta de Union Carbide liberó gases tóxicos, causando muertes inmediatas y problemas de salud a largo plazo.

     Consecuencias: Los supervivientes y sus descendientes sufrieron diversos problemas de salud, incluida una mayor tasa de cáncer, atribuidos a la exposición prolongada a las toxinas.

4. La cuenca de los Apalaches en Estados Unidos

     Contexto: la región es conocida por su intensa minería del carbón, que genera contaminación del aire y el agua.

     Impacto sobre la salud: Se han documentado altas tasas de cáncer de pulmón y otras enfermedades respiratorias, a menudo relacionadas con la calidad del aire y la exposición a partículas finas.

5. Chernóbil, Ucrania

Accidente nuclear: la catástrofe de 1986 provocó la emisión de materiales radiactivos al medio ambiente.

Efectos sobre la salud: Aumento de los casos de cáncer de tiroides, especialmente en niños, debido a la exposición a la radiación.

6. Delta del Níger

Contaminación por petróleo: esta región de extracción de petróleo sufre la contaminación del agua y el suelo debido a los vertidos de petróleo.

Consecuencias para la salud: Las comunidades locales presentan tasas elevadas de diversos problemas de salud, incluido el cáncer, potencialmente relacionados con la contaminación.

Estos estudios de casos demuestran que las personas que viven en zonas muy contaminadas a menudo se enfrentan a un mayor riesgo de desarrollar cáncer y otras enfermedades graves. Subrayan la importancia de la vigilancia medioambiental, de una normativa estricta sobre contaminación y de la aplicación de medidas de descontaminación para proteger la salud pública.

Capítulo 4

TESTIMONIOS Y REALIDADES SOBRE EL TERRENO

Historias de vida: víctimas de la contaminación

Las historias de vida de las víctimas de la contaminación son a menudo conmovedoras y ponen de relieve el impacto humano directo de la contaminación ambiental. Estos relatos personales ofrecen una perspectiva esencial de las consecuencias reales de la contaminación, que va mucho más allá de las estadísticas y los estudios clínicos. He aquí algunos ejemplos ilustrativos:

1. Agricultores afectados por los pesticidas

   Contexto: en muchas regiones agrícolas, el uso intensivo de pesticidas ha provocado la contaminación del agua y el suelo.

   Testimonio: Un agricultor desarrolla una rara forma de cáncer tras años de exposición a pesticidas. Describe cómo tuvo que luchar no solo contra la enfermedad, sino también contra el aislamiento y el reto de concienciar a su comunidad de los peligros de los productos químicos que utilizan a diario.

2. Residentes en zonas industriales

   Situación: Las personas que viven cerca de grandes plantas industriales suelen estar expuestas a un aire muy contaminado.

   Argumento: Una familia que vive cerca de una acería comparte su experiencia con varios de sus miembros que padecen problemas respiratorios crónicos y cáncer. Expresan su sentimiento de impotencia ante el deterioro de la situación medioambiental y la falta de respuestas satisfactorias por parte de las autoridades.

3. Supervivientes de catástrofes medioambientales

   Evento: Las catástrofes como los vertidos de petróleo o los accidentes industriales graves tienen consecuencias sanitarias a largo plazo.

   Relato: Un superviviente de una catástrofe de este tipo habla del impacto inmediato en su salud y en la de su comunidad, que incluye enfermedades crónicas y cáncer, así como continuas dificultades económicas y psicológicas.

4. Niños y familias en ciudades contaminadas

   Entorno: Las zonas urbanas con altos niveles de contaminación atmosférica presentan riesgos particulares para los niños.

Experiencia: Los padres describen su lucha diaria para proteger la salud de su hijo asmático en una ciudad con niveles de contaminación peligrosamente altos, destacando la dificultad de elegir un estilo de vida cuando se enfrentan a limitaciones económicas y sociales.

5. Poblaciones indígenas y recursos contaminados

Contexto: las comunidades indígenas se ven a menudo afectadas por la contaminación de los recursos naturales de los que dependen.

Relato: Un miembro de una comunidad indígena cuenta cómo la contaminación del agua y la tierra por actividades mineras no sólo ha causado problemas de salud como el cáncer, sino que también ha erosionado su modo de vida y su cultura tradicionales.

Estas historias individuales ponen de relieve la dimensión humana de la contaminación: los retos, las luchas y las pérdidas experimentadas por individuos y comunidades. Son un recordatorio conmovedor de que detrás de cada estadística sobre contaminación y cáncer hay personas reales, con sus propias historias, esperanzas y temores.

Comunidades combatientes

Las comunidades que luchan contra la contaminación y sus consecuencias para la salud, como el cáncer, representan historias de resiliencia, solidaridad y a veces éxito frente a considerables retos medioambientales. Estas comunidades, a menudo situadas cerca de fuentes de contaminación industrial o en zonas desatendidas, se movilizan para defender su derecho a un medio ambiente sano. He aquí algunos ejemplos de sus luchas:

1. Acción colectiva contra la contaminación industrial

Situación: Las comunidades situadas cerca de fábricas o complejos industriales sufren altos niveles de contaminación del aire o el agua.

Lucha: estas comunidades organizan manifestaciones, peticiones y acciones legales para exigir la reducción de las emisiones contaminantes y una mejor regulación medioambiental. A menudo colaboran con ONG y expertos para documentar los efectos sobre la salud y reforzar sus argumentos.

2. Limpieza y restauración medioambiental

Contexto: Zonas contaminadas por décadas de actividad industrial y minera.

Movilización: Los residentes unen sus fuerzas para exigir la limpieza y rehabilitación de su entorno. Estos esfuerzos pueden incluir la recaudación de fondos para realizar estudios medioambientales independientes y presionar a los gobiernos para que intervengan.

3. Promoción de la salud y prevención del cáncer

Reto: En zonas de alta contaminación, los índices de cáncer pueden ser elevados.

Acción: las comunidades ponen en marcha programas de concienciación sobre el cáncer, cribados gratuitos e iniciativas de promoción de la salud para fomentar comportamientos preventivos y facilitar el diagnóstico precoz.

4. Resistencia a proyectos contaminantes

Asunto: Propuestas de nuevos proyectos industriales o de ampliación que amenacen con aumentar la contaminación.

Respuesta: Las comunidades se están organizando para oponerse a estos proyectos mediante campañas de información, manifestaciones y acciones legales, a menudo poniendo de relieve los riesgos para la salud pública.

5. Educación y sensibilización medioambiental

Necesidad: Falta de concienciación y educación sobre los efectos de la contaminación.

Iniciativas: Se están poniendo en marcha programas educativos para informar a los residentes sobre los riesgos de la contaminación, las formas de reducir la exposición y la importancia de la vigilancia medioambiental.

6. Colaboración con científicos y expertos

Estrategia: Para reforzar su causa, las comunidades suelen colaborar con investigadores y expertos en salud pública.

Resultado: Estas colaboraciones hacen posible la realización de estudios epidemiológicos y medioambientales que aportan las pruebas científicas necesarias para respaldar sus reivindicaciones y acciones.

Estas luchas comunitarias demuestran la capacidad de las personas afectadas por la contaminación para organizarse y exigir cambios significativos. También ilustran la importancia del compromiso cívico, la solidaridad comunitaria y el apoyo mutuo en la gestión de los retos medioambientales y sanitarios.

Repercusiones psicológicas y sociales

Las repercusiones psicológicas y sociales de la contaminación, sobre todo cuando se asocia a un mayor riesgo de enfermedades graves como el cáncer, son profundas y a menudo se subestiman. Estos impactos van más allá de las consecuencias físicas inmediatas, afectando a la calidad de vida, el bienestar mental y la cohesión social de individuos y comunidades. Algunos de estos impactos son
Estrés y ansiedad

Ansiedad constante: Vivir en zonas contaminadas puede provocar ansiedad crónica por la salud personal y la de los seres queridos, sobre todo cuando existe un alto riesgo de enfermedades como el cáncer.

Miedo al futuro: El miedo a las consecuencias a largo plazo de la exposición a la contaminación, tanto para la salud como para el medio ambiente, puede ser una fuente constante de estrés.

Efectos en la salud mental

Depresión: La conciencia de los riesgos para la salud y la degradación del medio ambiente puede provocar sentimientos de desesperación y depresión, sobre todo entre quienes se sienten impotentes para cambiar su situación.

Trauma: Las personas afectadas por catástrofes medioambientales relacionadas con la contaminación pueden sufrir traumas psicológicos duraderos.

Impacto en la cohesión comunitaria

Conflictos y tensiones: La contaminación puede ser fuente de conflictos dentro de las comunidades, sobre todo cuando hay desacuerdos sobre las causas, las responsabilidades y las medidas a tomar.

Sensación de abandono: las comunidades que se sienten desatendidas o abandonadas por las autoridades o las empresas responsables de la contaminación pueden sentirse aisladas y desconfiadas.

Efectos en los niños y las familias

Desarrollo infantil: Los niños que viven en entornos contaminados pueden ser especialmente vulnerables a los efectos psicológicos, que afectan a su desarrollo emocional y social.

Dinámica familiar: La enfermedad de un miembro de la familia debido a la contaminación puede cambiar los papeles y la dinámica dentro de la familia, lo que a veces conlleva presiones económicas y emocionales adicionales.

Consecuencias económicas y sociales

Pérdida de ingresos y empleo: la contaminación puede afectar a los medios de subsistencia, sobre todo en las comunidades dependientes de los recursos, aumentando la tensión económica.

Marginación e injusticia medioambiental: las comunidades pobres y marginadas suelen ser las más afectadas por la contaminación, lo que agrava las desigualdades sociales y económicas.

Efectos en la calidad de vida

Restricciones cotidianas: la contaminación puede limitar las actividades al aire libre, la interacción social y el acceso a entornos saludables, reduciendo la calidad de vida en general.

Estas repercusiones demuestran que los efectos de la contaminación van mucho más allá de la salud física, afectando profundamente al tejido social y psicológico de las personas y las comunidades. Tener en cuenta estos aspectos es esencial para dar una respuesta global y eficaz a la contaminación y sus consecuencias.

Capítulo 5

LA CIENCIA DETRÁS DE LOS HECHOS

Investigaciones y descubrimientos recientes

Las recientes investigaciones sobre la contaminación y su relación con el cáncer han dado lugar a una serie de importantes descubrimientos. Estos avances están mejorando nuestra comprensión de cómo afecta la contaminación a la salud humana y allanando el camino para nuevas estrategias de prevención y tratamiento. He aquí algunos de los descubrimientos e investigaciones más relevantes:

Avances en la comprensión de los mecanismos moleculares

Interacciones celulares: Estudios recientes han puesto de relieve las complejas interacciones entre los contaminantes y las células humanas, incluido el modo en que determinados contaminantes modifican el ADN o perturban los procesos celulares.

Biomarcadores de exposición: el desarrollo de biomarcadores para medir la exposición a determinados contaminantes está ayudando a establecer una relación más directa entre la exposición a la contaminación y el riesgo de cáncer.

Contaminación atmosférica y riesgos de cáncer

Partículas ultrafinas: la investigación ha profundizado en el conocimiento de los efectos sobre la salud de las partículas ultrafinas (de menos de 2,5 micrómetros), mostrando una relación más clara con determinados tipos de cáncer, especialmente el de pulmón.

Contaminación interior: cada vez se presta más atención a la contaminación del aire interior, incluidos los riesgos asociados al humo ajeno, los aparatos de calefacción y cocina y los materiales de construcción.

Impacto de los contaminantes emergentes

Microplásticos: estudiar el impacto de los microplásticos, en particular su presencia en las cadenas alimentarias y su posible efecto cancerígeno, se ha convertido en un importante campo de investigación.

Nuevos contaminantes químicos: la investigación se está extendiendo a contaminantes menos conocidos o emergentes, como los retardantes de llama, sustancias químicas industriales específicas y nanopartículas.

Tecnologías de detección y purificación

Vigilancia medioambiental: el desarrollo de tecnologías avanzadas para vigilar la contaminación del aire y el agua está ayudando a identificar y cuantificar los riesgos para la salud humana.

Depuración del aire y el agua: los avances en los métodos de depuración y filtración ofrecen nuevas formas de reducir la exposición a los contaminantes.

Efectos de la contaminación en la salud general

Estudios a gran escala: los proyectos de investigación a gran escala, como los que incorporan datos sobre salud pública y medio ambiente, proporcionan información valiosa sobre los efectos a largo plazo de la contaminación en diversas poblaciones.

Enfoques preventivos y reglamentarios

Políticas de salud pública: La investigación sirve de base a las políticas de salud pública destinadas a reducir la contaminación y proteger a las poblaciones vulnerables.

Prevención y sensibilización: cada vez se adoptan más programas educativos y de prevención basados en datos científicos recientes para concienciar a la población de los riesgos asociados a la contaminación.

Estos descubrimientos e investigaciones subrayan el carácter dinámico y en constante evolución del campo de la contaminación y la salud humana. Ofrecen nuevas perspectivas para afrontar los retos que plantea la contaminación y abren vías prometedoras para la prevención y el tratamiento de enfermedades relacionadas con la contaminación, entre ellas el cáncer.

Contaminantes y carcinógenos específicos

Conocer los contaminantes y los carcinógenos específicos es esencial para evaluar y gestionar los riesgos asociados a la contaminación. Muchos contaminantes han sido identificados como carcinógenos, lo que significa que tienen la capacidad de causar o favorecer el desarrollo del cáncer. He aquí algunos de los contaminantes y carcinógenos más conocidos:

Contaminantes atmosféricos

Partículas finas (PM2,5 y PM10): Suspendidas en el aire, estas partículas pueden penetrar profundamente en los pulmones e incluso entrar en el torrente sanguíneo, aumentando el riesgo de cáncer de pulmón.

Benceno: presente en el humo del tabaco, la gasolina y las emisiones industriales, el benceno es un carcinógeno conocido, relacionado con cánceres de la sangre como la leucemia.

Amianto : La exposición al amianto, principalmente en el lugar de trabajo, es una causa bien establecida de mesotelioma (cáncer de pleura) y cáncer de pulmón.

Contaminantes del agua

Arsénico: Presente en determinadas fuentes de agua potable, el arsénico puede provocar cáncer de piel, vejiga y pulmón.

Nitratos: Utilizados en fertilizantes agrícolas, pueden acabar en el agua potable y se han relacionado con un mayor riesgo de padecer ciertos tipos de cáncer, sobre todo de estómago.

Contaminantes del suelo y de los alimentos

Dioxinas y PCB (policlorobifenilos): Estos contaminantes ambientales pueden acumularse en la cadena alimentaria y están relacionados con varios tipos de cáncer.

Pesticidas y herbicidas: Algunas sustancias químicas utilizadas en la agricultura, como el glifosato, han suscitado controversia por su posible relación con el cáncer.

Productos químicos industriales

Hidrocarburos aromáticos policíclicos (HAP): Presentes en el humo, el alquitrán y determinados productos industriales, los HAP son carcinógenos conocidos.

Metales pesados: el plomo, el cadmio y el mercurio, a menudo presentes en zonas industriales contaminadas, pueden aumentar el riesgo de padecer ciertos tipos de cáncer.

Contaminantes de interior

Radón: este gas radiactivo natural, que puede acumularse en las casas, es la segunda causa de cáncer de pulmón después del tabaco.

Humo de tabaco: el humo ajeno es una mezcla de más de 7.000 sustancias químicas, varias de las cuales son cancerígenas.

Factores de riesgo profesionales

Exposiciones profesionales específicas: Determinadas ocupaciones, especialmente en las industrias química, siderúrgica y de la construcción, exponen a los trabajadores a un mayor riesgo de cáncer debido a la exposición a sustancias específicas.

El reconocimiento y la regulación de estos contaminantes y carcinógenos son cruciales para la prevención del cáncer. Los esfuerzos para reducir la exposición a estas sustancias, ya sea mediante medidas de protección personal, cambios en los procesos industriales o normativas gubernamentales, son esenciales para mejorar la salud pública.

Retos científicos y perspectivas

La investigación sobre la relación entre contaminación y cáncer, aunque avanza con rapidez, se enfrenta a una serie de retos y perspectivas científicas. Estos retos deben abordarse si queremos profundizar en su comprensión y desarrollar estrategias eficaces de prevención y tratamiento. He aquí algunos de los principales retos y oportunidades en este campo:

Retos científicos
Complejidad de la exposición :
La contaminación adopta muchas formas (aire, agua, suelo) y las personas suelen estar expuestas a una mezcla de contaminantes, lo que dificulta la comprensión de los efectos específicos sobre la salud.
Vínculos causales :
Establecer una relación causal directa entre la exposición a contaminantes específicos y el desarrollo de cáncer es difícil, debido a la larga latencia del cáncer y a la influencia de otros factores de riesgo.
Variabilidad individual :
Las diferencias genéticas entre individuos pueden afectar a su forma de reaccionar ante la contaminación, lo que dificulta la generalización de los resultados.
Medición de la exposición :
Medir con precisión la exposición a largo plazo a niveles bajos de contaminantes sigue siendo un reto que requiere tecnologías y metodologías avanzadas.

Outlook
Tecnologías de vigilancia y detección :
El desarrollo de tecnologías más sensibles de control y detección de contaminantes ambientales proporcionará datos más precisos para la investigación.
Enfoques integrados y multidisciplinares :
Los enfoques integrados que combinan epidemiología, toxicología, biología molecular y genética pueden conducir a una mejor comprensión de los mecanismos por los que la contaminación influye en el cáncer.
Prevención y sensibilización :
La mejora de la concienciación pública y el desarrollo de estrategias de prevención basadas en las pruebas científicas actuales pueden ayudar a reducir la carga del cáncer relacionado con la contaminación.
Políticas basadas en datos :
Los datos de la investigación pueden servir de base a las políticas y normativas públicas destinadas a controlar y reducir la contaminación.
Colaboración mundial :
La contaminación y el cáncer son problemas mundiales. La colaboración internacional en la investigación y el intercambio de datos pueden dar lugar a avances significativos.
Innovaciones en el tratamiento :
La investigación también podría centrarse en desarrollar tratamientos más eficaces para los cánceres específicamente relacionados con la contaminación.

Si se superan estos retos y se aprovechan estas oportunidades, la ciencia podrá avanzar hacia una mejor comprensión y gestión del impacto de la contaminación en el cáncer, lo que redundará en mejoras significativas en la prevención, el diagnóstico y el tratamiento de esta enfermedad compleja y polifacética.

Capítulo 6

PREVENCIÓN
Y
ACCIÓN

Medidas de prevención y seguridad

Las medidas de prevención y seguridad son esenciales para reducir los riesgos de cáncer asociados a la contaminación. Estas medidas implican una combinación de acciones a distintos niveles: individual, comunitario y gubernamental. He aquí algunas estrategias clave:

Nivel individual
    Reducción de la exposición personal:
        Evite las zonas de alta contaminación atmosférica, especialmente durante ejercicios extenuantes.
        Utilice purificadores de aire en casa, sobre todo en zonas   urbanas contaminadas.
    Elecciones de estilo de vida saludable :
        Siga una dieta rica en fruta y verdura, y baja en alimentos procesados y carne roja.
        Deje de fumar y evite el humo ajeno.
    Sensibilización y educación :
        Manténgase informado sobre los riesgos de contaminación local y las formas de reducir la exposición.
        Participar en programas de concienciación sanitaria y detección del cáncer.
A escala comunitaria
    Control de la calidad del aire y del agua :
        Establecer sistemas locales de vigilancia para informar a los residentes de los niveles de contaminación.
        Fomentar la participación de la comunidad en la vigilancia y notificación de los problemas de contaminación.
    Acciones colectivas :
        Organizar campañas de limpieza y plantación de árboles para mejorar la calidad del entorno local.
        Participar en la defensa de una mejor normativa medioambiental.
A nivel gubernamental e institucional
    Reglamentos y normas :
        Imponer normas estrictas para las emisiones industriales, los vehículos de motor y los productos químicos peligrosos.
        Reforzar las leyes y los controles sobre la gestión de residuos industriales y domésticos.

Fomento de la energía limpia y las tecnologías sostenibles :
Fomentar el uso de energías renovables y tecnologías menos contaminantes.
Subvencionar la investigación y el desarrollo de tecnologías de reducción de la contaminación.
Programas de salud   pública :
Poner en marcha campañas nacionales de sensibilización sobre los riesgos asociados a la contaminación.
Ofrecer programas accesibles   de detección y prevención del cáncer.
Asociaciones internacionales :
Trabajar con otros países y organizaciones internacionales para abordar los problemas de contaminación transfronteriza.

Estas medidas, cuando se aplican de forma coherente y sostenida, pueden desempeñar un papel importante en la reducción de la exposición a la contaminación y, en consecuencia, en la disminución del riesgo de cáncer. Requieren el compromiso y la colaboración de todos los sectores de la sociedad.

Política de salud pública y papel del Gobierno

Las políticas de salud pública y el papel de los gobiernos son fundamentales en la lucha contra la contaminación y la prevención del cáncer asociado a ella. Las autoridades gubernamentales pueden desempeñar una serie de funciones clave, desde la regulación y el control de la contaminación hasta la sensibilización y el apoyo a la investigación. He aquí algunos aspectos clave de estas políticas y funciones:
Regulación y control
Normas de calidad del aire y el agua: establecer y hacer cumplir normas estrictas para limitar los niveles de contaminantes en el aire y el agua.
Regulación de las emisiones industriales: Imponer límites a las emisiones de fábricas, centrales eléctricas y otras fuentes industriales.

Gestión de residuos: Aplicar políticas eficaces de gestión y tratamiento de residuos industriales y domésticos, incluidas las sustancias tóxicas.

Sensibilización y educación

Campañas de información: lanzar campañas de concienciación pública sobre los riesgos de la contaminación para la salud y las formas de reducir la exposición personal.

Programas educativos: Integrar la educación medioambiental en los programas escolares para concienciar desde una edad temprana.

Apoyo a la investigación y el desarrollo

Financiación de la investigación: destinar fondos a la investigación de los efectos de la contaminación en la salud y de nuevas tecnologías de control y reducción de la contaminación.

Colaboración científica: Fomento de la colaboración entre universidades, institutos de investigación y el sector privado para promover la innovación en el campo de la salud ambiental.

Política de salud pública

Programas de cribado del cáncer: creación y fomento de programas de detección precoz de los cánceres relacionados con la contaminación.

Intervenciones de salud preventiva: desarrollo de iniciativas de salud pública centradas en la prevención del cáncer, incluidas recomendaciones sobre el estilo de vida y la dieta.

Colaboración internacional

Acuerdos medioambientales: Participar en acuerdos e iniciativas internacionales para combatir la contaminación a escala mundial.

Intercambio de buenas prácticas: compartir con otros países conocimientos y experiencias en materia de regulación y control de la contaminación.

Acciones locales y regionales

Políticas urbanas: Fomento de políticas urbanas sostenibles, como la mejora del transporte público y la creación de zonas de bajas emisiones.

Apoyo comunitario: Trabajar directamente con las comunidades locales para identificar y resolver problemas concretos de contaminación.

Adoptando un enfoque holístico y multidimensional, los gobiernos pueden desempeñar un papel decisivo en la reducción de la exposición a la contaminación y, en consecuencia, del riesgo de cáncer. Estos esfuerzos requieren una estrecha cooperación entre los distintos sectores gubernamentales, el sector privado, las comunidades y las organizaciones internacionales.

Movilización y sensibilización de la comunidad

La movilización y la concienciación de la comunidad son cruciales en la lucha contra la contaminación y la prevención del cáncer. Estos esfuerzos implican la participación activa de las comunidades locales para identificar, comprender y actuar sobre los problemas de contaminación que les afectan. He aquí algunas estrategias clave:

Educación y sensibilización

Talleres y seminarios: organización de actos educativos para informar a los residentes sobre los riesgos de la contaminación y cómo protegerse.

Recursos educativos: distribuya folletos, carteles y recursos en línea para concienciar sobre los efectos de la contaminación en la salud.

Campañas de sensibilización

Campañas en los medios de comunicación: utilice los medios de comunicación locales, las redes sociales y otras plataformas para difundir información sobre la contaminación y el cáncer.

Jornadas de sensibilización: organizar jornadas temáticas centradas en la salud medioambiental para concienciar a la población.

Participación e implicación comunitaria

Grupos de trabajo: Crear grupos de trabajo o comités para abordar problemas concretos de contaminación en la comunidad.

Foros públicos: Celebrar reuniones en las que los residentes puedan debatir sus preocupaciones medioambientales y proponer soluciones.

Colaboración con las autoridades locales

Promoción: colaborar con las autoridades locales para desarrollar políticas y normativas que reduzcan la contaminación.

Asociaciones: Establecer asociaciones con escuelas, hospitales y empresas locales para llevar a cabo iniciativas conjuntas de reducción de la contaminación.

Iniciativas de vigilancia medioambiental

Programas de vigilancia ciudadana: animar a los residentes a participar en la vigilancia de la calidad del aire y del agua.

Aplicaciones y tecnologías: Uso de aplicaciones móviles y otras tecnologías para que los ciudadanos puedan notificar problemas de contaminación.

Acciones colectivas

Manifestaciones y peticiones: Organizar manifestaciones pacíficas y peticiones para llamar la atención sobre problemas concretos de contaminación.

Limpieza y reforestación: realización de campañas de limpieza y proyectos de plantación de árboles para mejorar el entorno local.

Refuerzo de las capacidades comunitarias

Formación y recursos: Proporcionar formación y recursos para ayudar a las comunidades a gestionar eficazmente los problemas de contaminación.

Redes de apoyo: Crear redes de apoyo para compartir experiencias, conocimientos y recursos entre las comunidades afectadas.

La movilización y concienciación de la comunidad desempeñan un papel vital en la creación de un medio ambiente más sano y en la prevención de enfermedades relacionadas con la contaminación, como el cáncer. Cuando las comunidades están informadas y comprometidas, pueden convertirse en poderosos agentes de cambio y defensores de una mejor calidad de vida.

Capítulo 7

IMPACTO MEDIOAMBIENTAL Y EL CÁNCER

Cambio climático y contaminación

El cambio climático y la contaminación están estrechamente relacionados, ya que cada uno influye en el otro y lo agrava. Esta interacción plantea retos únicos tanto para el medio ambiente como para la salud humana. He aquí algunos aspectos clave de la relación entre cambio climático y contaminación:

Efectos exacerbados del cambio climático sobre la contaminación

Calidad del aire: El aumento de las temperaturas debido al cambio climático puede incrementar el ozono troposférico, un peligroso contaminante atmosférico que agrava los problemas respiratorios y cardiovasculares.

Propagación de contaminantes: Las condiciones meteorológicas extremas, como tormentas e inundaciones, pueden propagar los contaminantes a mayores distancias, aumentando la exposición en zonas anteriormente menos afectadas.

Impacto de la contaminación en el cambio climático

Gases de efecto invernadero: Los contaminantes atmosféricos, en particular el dióxido de carbono (CO_2) y el metano (CH_4), son los principales gases de efecto invernadero que contribuyen al calentamiento global.

Albedo y calentamiento: Algunos contaminantes, como las partículas de hollín, pueden afectar al albedo de la Tierra (reflexión de la luz solar), influyendo en el clima.

Efectos combinados sobre la salud humana

Aumento de las enfermedades: La combinación de contaminación y cambio climático puede provocar un aumento de las enfermedades respiratorias, los golpes de calor, las cardiopatías y el cáncer.

Seguridad alimentaria y agua: el cambio climático está afectando a la disponibilidad y calidad del agua y los alimentos, lo que puede repercutir en la salud humana, sobre todo en las regiones vulnerables.

Retos para los ecosistemas

Pérdida de biodiversidad: el cambio climático y la contaminación pueden degradar los hábitats naturales, amenazando la biodiversidad y los servicios ecosistémicos esenciales.

Contaminación de los océanos: la acidificación de los océanos debida a la absorción de CO2, combinada con la contaminación por plásticos y productos químicos, está teniendo un grave impacto en la vida marina.

Cuestiones socioeconómicas

Desigualdades: los efectos del cambio climático y la contaminación no se distribuyen de manera uniforme, y afectan más a las comunidades pobres y vulnerables.

Migración climática: los efectos combinados sobre el medio ambiente y la salud pueden obligar a las poblaciones a emigrar, creando refugiados climáticos.

Soluciones integradas

Políticas medioambientales: Para una gestión eficaz son necesarias políticas integradas que aborden tanto la contaminación como el cambio climático.

Tecnologías verdes: El desarrollo y la adopción de tecnologías limpias y renovables pueden reducir las emisiones contaminantes al tiempo que mitigan el cambio climático.

En resumen, la relación entre el cambio climático y la contaminación es un ciclo complejo en el que cada problema refuerza al otro. La comprensión y la acción concertada en ambos frentes son esenciales para proteger tanto el medio ambiente como la salud pública.

Efectos de las catástrofes medioambientales sobre Salud

Las catástrofes medioambientales, ya sean causadas por actividades humanas o por fenómenos naturales, tienen efectos profundos y a menudo duraderos en la salud humana. Estos efectos pueden ser directos e inmediatos, pero también indirectos y a largo plazo. He aquí un resumen de las consecuencias sanitarias de estas catástrofes:

Efectos directos e inmediatos

Lesiones y muertes: los accidentes industriales, los vertidos químicos, los terremotos, las inundaciones y los huracanes pueden causar lesiones físicas inmediatas y, a veces, la muerte.

Problemas respiratorios: los incendios forestales, las erupciones volcánicas y los accidentes químicos pueden liberar partículas y gases tóxicos en el aire, causando problemas respiratorios agudos.

Efectos indirectos y a largo plazo

Enfermedades crónicas: La exposición prolongada a los contaminantes liberados durante las catástrofes puede aumentar el riesgo de enfermedades crónicas, como el cáncer y las enfermedades respiratorias y cardiovasculares.

Problemas psicológicos: las catástrofes pueden causar un estrés y una ansiedad considerables, lo que da lugar a trastornos psicológicos como el trastorno de estrés postraumático (TEPT), la depresión y la ansiedad.

Impacto en los sistemas sanitarios

Sobrecarga de los servicios sanitarios: Las catástrofes medioambientales pueden sobrecargar los sistemas sanitarios locales, dificultando el acceso a la atención y el tratamiento médicos necesarios.

Pérdida de infraestructuras: la destrucción de infraestructuras sanitarias puede limitar el acceso a la atención sanitaria, el agua potable y el saneamiento, agravando los problemas de salud pública.

Riesgos de epidemias y enfermedades infecciosas

Propagación de enfermedades: Las condiciones posteriores a una catástrofe, como el agua estancada y el desplazamiento de la población, pueden favorecer la propagación de enfermedades infecciosas como el cólera, el dengue y la malaria.

Interrupción de la vacunación: Las catástrofes pueden interrumpir los programas de vacunación, aumentando el riesgo de brotes de enfermedades prevenibles mediante vacunación.

Efectos en la salud mental

Trauma emocional: La pérdida de seres queridos, hogares y medios de vida puede tener un impacto devastador en la salud mental de las personas.

Impacto en las comunidades: las comunidades afectadas pueden experimentar una sensación de pérdida y desesperación, lo que afecta a la cohesión social y al apoyo mutuo.

Consecuencias para la nutrición y la dieta

Inseguridad alimentaria: las alteraciones en la producción y distribución de alimentos pueden provocar malnutrición, especialmente entre los niños y las poblaciones vulnerables.

Agua potable: La contaminación del agua potable puede causar enfermedades gastrointestinales y otros problemas de salud.

Efectos en las poblaciones vulnerables

Niños y ancianos: Estos grupos son especialmente vulnerables a los efectos de las catástrofes, tanto física como psicológicamente.

Comunidades de renta baja: las comunidades pobres suelen ser las más afectadas, ya que disponen de menos recursos para prepararse, responder y recuperarse de las catástrofes.

Al reconocer y comprender estos diversos efectos, los gobiernos, las organizaciones humanitarias y las comunidades pueden prepararse y responder mejor a las catástrofes medioambientales, minimizando así su impacto negativo en la salud humana.

Biodiversidad, Ecosistemas y su relación con el cáncer

La biodiversidad y la salud de los ecosistemas desempeñan un papel crucial en la salud humana, incluida la prevención y el control del cáncer. La destrucción de los ecosistemas y la pérdida de biodiversidad pueden tener repercusiones directas e indirectas en la incidencia del cáncer. He aquí algunos aspectos de esta relación:

El papel de los ecosistemas en la regulación de los contaminantes

Filtración natural: Ecosistemas como bosques, humedales y océanos actúan como filtros naturales, absorbiendo y descomponiendo contaminantes que pueden ser cancerígenos para el ser humano.

Reducción de la contaminación atmosférica: las plantas y los árboles absorben los contaminantes atmosféricos nocivos, contribuyendo a mejorar la calidad del aire y a reducir el riesgo de cánceres respiratorios.

Pérdida de biodiversidad y riesgos para la salud

Desequilibrios ecológicos: La pérdida de biodiversidad puede provocar desequilibrios ecológicos que favorezcan la proliferación de determinadas especies portadoras de enfermedades o la concentración de contaminantes.

Pérdida de fuentes naturales de medicamentos : Muchos medicamentos, incluidos los utilizados en quimioterapia, se derivan de compuestos que se encuentran en la naturaleza. La pérdida de biodiversidad reduce las posibilidades de descubrir nuevos tratamientos contra el cáncer.

Interacciones entre cambio climático, ecosistemas y cáncer

Modificación de las áreas de distribución de enfermedades: El cambio climático, al alterar los ecosistemas, puede ampliar las áreas de distribución de ciertas enfermedades infecciosas, que a veces son factores de riesgo de ciertos tipos de cáncer.

Estrés medioambiental: los cambios en los ecosistemas debidos al cambio climático pueden aumentar la concentración de ciertos contaminantes o alterar su distribución, lo que afecta indirectamente al riesgo de cáncer.

Servicios ecosistémicos y prevención del cáncer

Alimentación y nutrición: Los ecosistemas sanos proporcionan una diversidad de alimentos ricos en nutrientes y fitoquímicos esenciales para la prevención del cáncer.

Bienestar físico y mental: el acceso a entornos naturales sanos fomenta la actividad física y el bienestar mental, dos factores importantes en la prevención del cáncer.

Investigación y educación

Estudios epidemiológicos: es necesario investigar para comprender mejor cómo afecta la salud de los ecosistemas a la incidencia del cáncer en los seres humanos.

Sensibilización: educar al público sobre la importancia de conservar la biodiversidad y los ecosistemas para la salud humana, incluida la prevención del cáncer.

Preservar y restaurar los ecosistemas y la biodiversidad es esencial no sólo para el medio ambiente, sino también para la salud humana. Si reconocemos estos vínculos y actuamos en consecuencia, podemos contribuir tanto a proteger nuestro planeta como a luchar contra el cáncer.

61

Capítulo 8

CONTAMINACIÓN INVISIBLE

Contaminación acústica y lumínica y sus efectos

La contaminación acústica y lumínica, aunque a menudo menos visible que otras formas de contaminación, tiene efectos significativos sobre la salud humana y el medio ambiente. He aquí un resumen de su impacto:

Contaminación acústica
    Efectos en la salud auditiva :
        Pérdida de audición: la exposición prolongada a niveles elevados de ruido puede provocar una pérdida de audición permanente.
        Acúfenos: los ruidos fuertes o constantes pueden provocar zumbidos o pitidos en los oídos.
    Efectos en la salud general :
        Estrés y cardiopatías: el ruido excesivo puede aumentar el estrés, la tensión arterial y el riesgo de cardiopatías.
        Alteración del sueño: el ruido nocturno puede alterar el sueño y provocar fatiga, irritabilidad y problemas de concentración.
    Efectos psicológicos :
        Ansiedad y depresión: los niveles elevados de ruido pueden aumentar el riesgo de trastornos mentales como la ansiedad y la depresión.
Contaminación lumínica
    Efectos sobre los ritmos circadianos:
        Alteración del sueño: La luz artificial, en particular la luz azul de las pantallas, puede alterar los ritmos circadianos y afectar a la calidad del sueño.
        Consecuencias para la salud: La alteración de los ritmos circadianos puede estar relacionada con diversos problemas de salud, como la obesidad, la diabetes e incluso ciertos tipos de cáncer, como el de mama.
    Impacto sobre la fauna :
        Orientación de los animales: la luz artificial puede desorientar a los animales nocturnos, las aves migratorias y los insectos, afectando a sus hábitos de reproducción y migración.

Alteración de los ecosistemas: **La** contaminación lumínica puede alterar los ecosistemas al afectar a las cadenas alimentarias y al comportamiento natural.

Consecuencias para la salud mental :

Menor bienestar: La menor visibilidad de las estrellas y del cielo nocturno puede afectar al bienestar psicológico y a la conexión con la naturaleza.

Gestión de la contaminación acústica y lumínica

Reducir las fuentes de ruido: Utilizar materiales fonoabsorbentes en la construcción, limitar el ruido de los vehículos y las actividades industriales, y establecer zonas tranquilas en las zonas urbanas.

Control de la iluminación: utilice una iluminación exterior limitada y dirigida para reducir la contaminación lumínica, fomente el uso de fuentes de luz que alteren menos los ritmos circadianos y apague las luces innecesarias por la noche.

La concienciación y la gestión de la contaminación acústica y lumínica son esenciales para proteger la salud humana y preservar los entornos naturales. Las políticas y prácticas encaminadas a reducir estas formas de contaminación pueden mejorar significativamente la calidad de vida y contribuir a un medio ambiente más sano.

Contaminantes microscópicos y nanopartículas

Los contaminantes microscópicos, en particular las nanopartículas, se han convertido en una preocupación creciente por su capacidad para penetrar profundamente en los sistemas biológicos humanos y ambientales. He aquí un resumen de sus características y efectos:

Naturaleza y fuentes de las nanopartículas

Tamaño y composición: las nanopartículas son extremadamente pequeñas, generalmente miden entre 1 y 100 nanómetros. Pueden estar compuestas de diversos materiales, como metales, carbono o compuestos químicos.

Fuentes industriales: suelen producirse en procesos industriales, la combustión de combustibles fósiles, los tubos de escape de los vehículos y determinados procesos de fabricación.

Nanotecnologías: El creciente uso de las nanotecnologías en diversos campos (medicina, electrónica, materiales) también ha aumentado la presencia de nanopartículas en el medio ambiente.

Penetración y acumulación en el organismo

Penetración profunda: Debido a su diminuto tamaño, las nanopartículas pueden penetrar profundamente en los pulmones, atravesar las barreras celulares e incluso llegar al torrente sanguíneo.

Bioacumulación: Existe riesgo de bioacumulación en los tejidos, lo que podría provocar efectos tóxicos a largo plazo.

Efectos sobre la salud

Problemas respiratorios y cardiovasculares: La inhalación de nanopartículas puede causar problemas respiratorios agudos y crónicos y contribuir a las enfermedades cardiovasculares.

Potencial carcinogénico: Algunas nanopartículas se han asociado con un mayor riesgo de cáncer, aunque todavía se está investigando para comprender plenamente su impacto carcinogénico.

Efectos neurológicos: Preocupa su capacidad para atravesar la barrera hematoencefálica, lo que podría causar daños neurológicos.

Impacto medioambiental

Ecosistemas acuáticos: Las nanopartículas pueden acabar en los ecosistemas acuáticos, afectando a la flora y la fauna acuáticas y alterando las cadenas alimentarias.

Suelo y agricultura: Su presencia en el suelo puede afectar a la salud de las plantas y a la calidad de los productos agrícolas.

Gestión y normativa

Vigilancia y evaluación de riesgos: es crucial vigilar el medio ambiente para detectar la presencia de nanopartículas y evaluar sus riesgos potenciales para la salud y el medio ambiente.

Reglamentos y normas de seguridad: es necesario elaborar reglamentos específicos para la producción, uso y eliminación de nanopartículas con el fin de minimizar su impacto.

La investigación en curso es esencial para comprender mejor los efectos a largo plazo de las nanopartículas sobre la salud humana y el medio ambiente. Se recomienda un enfoque preventivo y prudente para gestionar los riesgos asociados a estos contaminantes microscópicos.

Riesgos desconocidos en la vida cotidiana

En nuestra vida cotidiana, a menudo estamos expuestos a riesgos ambientales poco conocidos o subestimados, que pueden tener importantes consecuencias para nuestra salud. He aquí algunos de estos riesgos ocultos:

Sustancias químicas en los productos de consumo
> **Cosméticos y productos de cuidado personal:** algunos productos contienen sustancias químicas potencialmente nocivas, como parabenos, ftalatos y compuestos orgánicos volátiles (COV).
> **Plásticos:** los plásticos que contienen bisfenol A (BPA) o ftalatos, utilizados a menudo en el envasado de alimentos, pueden liberar estas sustancias en los alimentos o bebidas.

Contaminación interior
> **Calidad del aire interior:** los COV de la pintura, los muebles, los productos de limpieza e incluso el aire exterior pueden acabar dentro de las casas, afectando a la calidad del aire interior.
> **Moho y ácaros del polvo:** En ambientes húmedos o mal ventilados, la aparición de moho y la presencia de ácaros del polvo pueden provocar alergias y problemas respiratorios.

Exposición a campos electromagnéticos
> **Electrodomésticos y Wi-Fi: La** exposición continuada a los campos electromagnéticos de los electrodomésticos, teléfonos móviles y routers Wi-Fi es motivo de preocupación, aunque los riesgos para la salud siguen siendo objeto de debate científico.

Alimentos y agua
> **Residuos de plaguicidas: Las** frutas y hortalizas no ecológicas pueden contener residuos de plaguicidas.
> **Contaminantes en el agua potable: El** agua puede estar contaminada por metales pesados, nitratos,

microorganismos y otros contaminantes, dependiendo de la fuente y el tratamiento del agua.

Vida profesional

Entornos de oficina: un estilo de vida sedentario, la exposición prolongada a pantallas y una mala ergonomía en el trabajo pueden contribuir a problemas de salud como los trastornos musculoesqueléticos y la fatiga visual.

Estrés laboral: el estrés laboral crónico puede tener efectos nocivos sobre la salud mental y física.

Actividades de ocio

Pantallas y tiempo pasivo: El uso excesivo de dispositivos electrónicos durante el tiempo de ocio puede contribuir a un estilo de vida sedentario y a trastornos del sueño.

Exposición a los rayos UV durante las actividades al aire libre: la exposición excesiva al sol sin la protección adecuada puede aumentar el riesgo de cáncer de piel.

La concienciación sobre estos riesgos y la adopción de medidas preventivas, como leer las etiquetas de los productos, mejorar la calidad del aire interior, utilizar con cuidado los dispositivos tecnológicos y mantener un estilo de vida activo y saludable, pueden ayudar a reducir la exposición a estos peligros cotidianos poco conocidos.

Capítulo 9

69

AVANCES MÉDICOS Y TECNOLOGÍA

Avances en el tratamiento del cáncer

Los avances en el tratamiento del cáncer en los últimos años han sido notables y ofrecen nuevas esperanzas y opciones a los pacientes. Estos avances incluyen terapias más específicas y personalizadas, así como avances en tecnologías y métodos de tratamiento. He aquí algunos de los avances más significativos:

Terapias específicas

Inhibidores de la quinasa: estos fármacos bloquean enzimas específicas (quinasas) implicadas en el crecimiento y la propagación de las células cancerosas.

Terapia hormonal: Utilizada principalmente para los cánceres de mama y próstata, esta terapia actúa sobre las hormonas que estimulan el crecimiento de determinados tipos de cáncer.

Inmunoterapia

Inhibidores de los puntos de control inmunitarios: estos fármacos ayudan al sistema inmunitario a reconocer y atacar las células cancerosas.

Terapia CAR-T: forma avanzada de inmunoterapia en la que las células T del propio paciente se modifican genéticamente en el laboratorio para combatir el cáncer con mayor eficacia.

Terapias génicas y moleculares

Terapia génica: introduce genes en las células cancerosas o en el sistema inmunitario para combatir o controlar el cáncer.

Bloqueo del ARNm: uso de técnicas para impedir que las células cancerosas produzcan las proteínas que necesitan para crecer.

Medicina de precisión y tratamiento personalizado

Pruebas genéticas: identificación de mutaciones genéticas específicas en las células cancerosas para elegir el tratamiento más eficaz.

Oncología de precisión: adaptar el tratamiento al perfil genético, ambiental y de estilo de vida del paciente.

Avances en radioterapia

Radioterapia conformada 3D: utiliza imágenes tridimensionales para atacar con precisión el tumor, minimizando el daño al tejido sano circundante.

Terapia de protones: utiliza protones en lugar de los rayos X tradicionales, lo que permite atacar el tumor con mayor precisión y menos efectos secundarios.

Cirugía asistida por robot

Cirugía mínimamente invasiva: uso de robots para realizar intervenciones quirúrgicas precisas, reduciendo las complicaciones y el tiempo de recuperación.

Tratamientos de apoyo y cuidados paliativos

Gestión del dolor y los efectos secundarios: mejora de las estrategias de gestión del dolor y los efectos secundarios del tratamiento del cáncer.

Cuidados Paliativos Integrados: Proporcionar apoyo holístico a los pacientes, centrándose en la calidad de vida y el bienestar emocional.

Estos avances reflejan un cambio significativo en el enfoque del tratamiento del cáncer, cada vez más centrado en terapias más personalizadas y menos invasivas, al tiempo que se mejora la eficacia y se reducen los efectos secundarios. Es esencial seguir investigando en estas áreas si queremos desarrollar tratamientos aún más eficaces y accesibles en el futuro.

Tecnologías innovadoras de control de la contaminación

Las tecnologías innovadoras de control de la contaminación desempeñan un papel crucial en la lucha contra la contaminación ambiental. Estas tecnologías pretenden reducir, eliminar o transformar los contaminantes del aire, el agua y el suelo. He aquí algunas de las innovaciones más prometedoras en este campo:

Control de la contaminación atmosférica

Purificadores de aire avanzados: sistemas que utilizan filtros HEPA, carbón activado e incluso tecnologías de captura de CO_2 para purificar el aire interior y exterior.

Fotocatálisis: uso de la luz, a menudo en combinación con catalizadores como el dióxido de titanio, para descomponer los contaminantes atmosféricos en sustancias menos nocivas.

Biotecnologías: Utilización de microorganismos o plantas para absorber y descomponer los contaminantes atmosféricos.

Tratamiento del agua

Nanofiltración y ósmosis inversa: tecnologías avanzadas de filtración para eliminar los contaminantes del agua, incluidos los metales pesados y los microplásticos.

Fitorremediación: Uso de plantas para absorber y eliminar los contaminantes de las aguas contaminadas.

Biorreactores de membrana: combinación de procesos biológicos y filtración por membrana para tratar aguas residuales.

Saneamiento del suelo

Biorremediación: Uso de microorganismos para descomponer los contaminantes orgánicos del suelo.

Fitoestabilización: Uso de plantas para inmovilizar los contaminantes en el suelo, impidiendo que se propaguen.

Electrocinética: Aplicación de corrientes eléctricas para extraer contaminantes del suelo.

Captura y almacenamiento de carbono

Tecnologías de captura directa del aire (DAC): sistemas que capturan el dióxido de carbono directamente del aire ambiente.

Almacenamiento geológico: secuestro del CO_2 capturado en formaciones geológicas subterráneas.

Reciclado y gestión de residuos

Reciclado avanzado: tecnologías de reciclado de materiales complejos, incluidos plásticos y residuos electrónicos.

Transformación de residuos en energía: conversión de residuos en energía útil, reduciendo así la cantidad de residuos enviados a los vertederos.

Energías renovables y limpias

Desarrollo de fuentes de energía alternativas: Inversión en energía solar, eólica, hidroeléctrica y geotérmica para reducir la dependencia de los combustibles fósiles.

Estas tecnologías de control de la contaminación, en constante evolución, son esenciales para hacer frente a los retos medioambientales actuales y futuros. Combinando la innovación tecnológica con el compromiso político, es posible reducir significativamente el impacto de la contaminación sobre el medio ambiente y la salud humana.

Inteligencia artificial y Big Data contra el cáncer

La inteligencia artificial (IA) y el Big Data desempeñan un papel cada vez más importante en la lucha contra el cáncer, ofreciendo perspectivas innovadoras para el diagnóstico, el tratamiento y la investigación. He aquí algunos ámbitos clave en los que estas tecnologías están transformando la lucha contra el cáncer:

Diagnóstico y detección precoz

Análisis de imágenes médicas: la IA puede analizar con rapidez y precisión imágenes médicas, como radiografías, resonancias magnéticas y tomografías computarizadas, para detectar tumores en una fase temprana.

Patología digital: la IA ayuda a analizar muestras de tejido, mejorando la precisión del diagnóstico y clasificando los tipos de cáncer.

Personalización del tratamiento

Oncología de precisión: la IA puede analizar datos genéticos tumorales para identificar las mejores estrategias de tratamiento para cada paciente.

Modelos predictivos: a partir de los datos de los pacientes, la IA puede predecir cómo responderá una persona a un tratamiento concreto, lo que permite un enfoque más personalizado.

Investigación y desarrollo de fármacos

Diseño de fármacos: La IA acelera el descubrimiento de nuevos fármacos identificando posibles dianas terapéuticas y prediciendo la eficacia de los compuestos.

Ensayos clínicos: la IA ayuda a optimizar el diseño y la gestión de los ensayos clínicos, mejorando la eficiencia y reduciendo los costes.

Gestión de la atención al paciente

Seguimiento del paciente: Los sistemas basados en IA pueden ayudar a seguir la evolución del paciente, gestionar los efectos secundarios y ajustar los tratamientos en tiempo real.

Asistencia virtual: los chatbots y los asistentes virtuales pueden proporcionar información y apoyo a los pacientes, mejorando la comunicación y el compromiso.

Análisis de datos a gran escala

Big Data en oncología: el análisis de grandes conjuntos de datos sobre el cáncer puede revelar tendencias, patrones y correlaciones que escapan a los métodos tradicionales de análisis.

Bioinformática: la IA y el Big Data están ayudando a interpretar datos genómicos, proteómicos y metabolómicos complejos en la investigación del cáncer.

Prevención y sensibilización

Modelos de riesgo: la IA puede analizar datos demográficos y clínicos para identificar a las personas de alto riesgo, lo que permite intervenciones preventivas específicas.

Educación y concienciación: las plataformas inteligentes pueden proporcionar información personalizada sobre la prevención y la detección precoz del cáncer.

La IA y el Big Data ofrecen posibilidades revolucionarias en la lucha contra el cáncer, desde el nivel molecular e individual hasta los estudios de grandes poblaciones. A medida que estas tecnologías sigan evolucionando, prometen transformar radicalmente la comprensión, el diagnóstico, el tratamiento y la prevención del cáncer.

Capítulo 10

PERSPECTIVAS GLOBALES Y ESTUDIOS DE CASOS INTERNACIONALES

Comparaciones internacionales sobre contaminación y cáncer

Las comparaciones internacionales sobre contaminación y cáncer revelan diferencias significativas en la incidencia del cáncer, los tipos de contaminantes y las políticas de salud pública en todo el mundo. Estas comparaciones permiten comprender mejor cómo influyen los distintos factores medioambientales, económicos y culturales en la relación entre contaminación y cáncer. He aquí algunos aspectos clave:

Incidencia del cáncer y tipos de contaminación

Países de renta alta: En estos países, la contaminación industrial y urbana, sobre todo la atmosférica y los contaminantes químicos, suele estar relacionada con tasas más elevadas de determinados tipos de cáncer, como el de pulmón y el melanoma.

Países de renta baja y media: Estos países pueden enfrentarse a distintos tipos de contaminación, como la del agua debida a la mala gestión de los residuos industriales y domésticos, que puede estar asociada a mayores tasas de cáncer gastrointestinal o de vejiga.

Política y legislación de salud pública

Normas y reglamentos : Los países con normas estrictas de calidad del aire y del agua suelen tener tasas más bajas de cánceres relacionados con la contaminación.

Acceso a la asistencia sanitaria: la disponibilidad y calidad de la asistencia sanitaria, incluidos el cribado y el tratamiento del cáncer, varía enormemente e influye en las tasas de supervivencia del cáncer.

Impacto de las prácticas industriales y urbanas

Urbanización: los países con altos niveles de urbanización pueden experimentar un aumento de la contaminación atmosférica, lo que influye en las tasas de cáncer de pulmón y otras enfermedades respiratorias.

Industria y agricultura: las prácticas industriales y agrícolas, en particular el uso de pesticidas y productos químicos, varían y tienen un impacto directo en las tasas de cáncer de las distintas regiones.

Factores socioeconómicos y culturales

Desigualdades: las desigualdades socioeconómicas, tanto dentro de los países como entre ellos, pueden provocar una exposición desigual a la contaminación y un acceso desigual a la asistencia sanitaria.

Estilo de vida y factores culturales: La dieta, el estilo de vida y las prácticas culturales pueden interactuar con la contaminación para influir en las tasas de cáncer.

Investigación y colaboración internacionales

Estudios comparativos: la investigación internacional aporta datos valiosos sobre el impacto de los distintos tipos de contaminación en la salud.

Intercambio de buenas prácticas: la colaboración internacional permite compartir estrategias eficaces para reducir la contaminación y prevenir el cáncer.

Estas comparaciones internacionales subrayan la importancia de adoptar enfoques integrales y adaptados para gestionar el impacto de la contaminación sobre el cáncer. También brindan la oportunidad de aprender de las distintas experiencias y de aplicar políticas e intervenciones más eficaces a escala mundial.

Lecciones por países
en respuesta a estos flagelos

Las respuestas de los distintos países a las lacras de la contaminación y el cáncer ofrecen valiosas lecciones. Estas lecciones, extraídas de los éxitos y los retos encontrados, pueden orientar las estrategias futuras para una mejor gestión de la salud pública y el medio ambiente. He aquí algunas de las lecciones clave:

Enfoque multifactorial

Integración de estrategias: La necesidad de integrar estrategias medioambientales, de salud pública y económicas para abordar eficazmente la relación entre contaminación y cáncer.

Colaboración intersectorial: la colaboración entre gobiernos, organizaciones no gubernamentales, sector privado y comunidades es crucial para una respuesta eficaz.

Importancia de la prevención

Reducción de la contaminación: Las políticas eficaces de reducción de la contaminación, como las normas sobre emisiones para la industria y los vehículos, tienen un impacto significativo en la prevención del cáncer.

Concienciación y educación: Las campañas de concienciación pública desempeñan un papel fundamental en el cambio de comportamiento y la reducción del riesgo de cáncer relacionado con la contaminación.

Innovación y tecnología

Desarrollo tecnológico: la inversión en tecnologías de control de la contaminación y el apoyo a la investigación innovadora son esenciales si queremos hacer frente a los retos medioambientales y sanitarios.

Uso de datos e inteligencia artificial: la explotación de datos, incluido el uso de inteligencia artificial, puede mejorar la vigilancia de la contaminación y el diagnóstico precoz del cáncer.

Política de salud pública

Sistemas sanitarios sólidos: Es esencial crear sistemas sanitarios capaces de gestionar tanto la prevención como el tratamiento del cáncer.

Programas de cribado: la detección precoz del cáncer, facilitada por programas accesibles, aumenta considerablemente las tasas de supervivencia.

Normativa y legislación

Normas estrictas: La adopción de normas medioambientales estrictas y su aplicación efectiva son fundamentales para reducir la exposición a contaminantes cancerígenos.

Políticas basadas en pruebas: Las políticas deben basarse en datos científicos sólidos y en una evaluación continua de su eficacia.

Contribución comunitaria

Movilización comunitaria: implicar a las comunidades en la vigilancia del medio ambiente y la concienciación sanitaria mejora las iniciativas de lucha contra la contaminación y el cáncer.

Equidad y justicia: es crucial atajar las desigualdades en materia de salud y medio ambiente, garantizando que las medidas adoptadas beneficien por igual a todos los sectores de la población.

Aprendiendo de las experiencias de los distintos países, la comunidad internacional puede redoblar sus esfuerzos para combatir la contaminación y reducir la incidencia del cáncer, promoviendo al mismo tiempo entornos más sanos y sociedades más resistentes.

Cooperación internacional y Estudios Transnacionales

La cooperación internacional y los estudios transnacionales son esenciales para abordar con eficacia los problemas de la contaminación y el cáncer, que son problemas globales que no conocen fronteras. He aquí algunas áreas clave en las que la cooperación internacional y los estudios transnacionales desempeñan un papel crucial:

Compartir datos y recursos

Intercambio de datos: La colaboración internacional facilita el intercambio de datos epidemiológicos y medioambientales, lo que permite comprender mejor los vínculos entre contaminación y cáncer.

Recursos de investigación: compartir recursos, tecnologías y conocimientos puede acelerar la investigación y la innovación en la lucha contra el cáncer y la reducción de la contaminación.

Estudios transnacionales

Comparaciones internacionales: los estudios transnacionales permiten comparar la incidencia del cáncer y los niveles de contaminación entre distintos países, lo que ofrece una perspectiva única de los factores de riesgo y las estrategias de prevención.

Estudios de contaminantes específicos: Los estudios realizados en varios países pueden ayudar a identificar los efectos de contaminantes específicos sobre la salud humana en diferentes poblaciones y entornos.

Acuerdos e iniciativas internacionales

Acuerdos medioambientales: Acuerdos como el del Clima de París desempeñan un papel clave en la reducción de las emisiones de gases de efecto invernadero y otros contaminantes.

Programas sanitarios mundiales: iniciativas como las de la Organización Mundial de la Salud (OMS) para controlar el cáncer y reducir la contaminación ayudan a coordinar los esfuerzos internacionales.

Colaboración en políticas de salud pública

Fijación de normas: la cooperación internacional es esencial para establecer normas mundiales sobre la calidad del aire, el agua y los alimentos.

Estrategias de prevención: compartir las mejores prácticas en prevención del cáncer y gestión de la contaminación puede mejorar las políticas de salud pública en todo el mundo.

Ayuda y asistencia técnica

Apoyo a los países en desarrollo: La cooperación internacional implica a menudo el apoyo a los países en desarrollo para mejorar sus infraestructuras sanitarias y de gestión de la contaminación.

Respuesta a las crisis: la colaboración internacional es crucial para responder con eficacia a las emergencias sanitarias y medioambientales, como las catástrofes industriales.

Sensibilización y educación a escala mundial

Campañas de información: las organizaciones internacionales pueden llevar a cabo campañas de concienciación a escala mundial sobre los riesgos de la contaminación y el cáncer.

Programas educativos : Las iniciativas educativas transnacionales pueden sensibilizar e informar sobre las mejores prácticas en materia de prevención del cáncer y protección del medio ambiente.

La cooperación internacional y los estudios transnacionales son, por tanto, esenciales para una comprensión global y una acción eficaz contra la contaminación y el cáncer. Permiten un enfoque unificado y coordinado, esencial ante retos que trascienden las fronteras nacionales.

Capítulo 11

DERECHOS HUMANOS, ÉTICA Y LEGISLACIÓN

Impacto en las poblaciones vulnerables

El impacto de la contaminación y el cáncer en las poblaciones vulnerables es motivo de gran preocupación. Estos grupos, a menudo caracterizados por recursos limitados, menor capacidad de adaptación y mayor exposición a riesgos, sufren de forma desproporcionada las consecuencias nocivas de la contaminación ambiental y el cáncer. He aquí algunos aspectos clave de este impacto:

Mayor exposición a contaminantes

Condiciones de vida y de trabajo: las poblaciones de renta baja suelen vivir y trabajar en entornos más contaminados, como cerca de fábricas, vertederos o en zonas densamente pobladas con mala calidad del aire.

Falta de acceso al agua potable: Estas comunidades pueden tener un acceso limitado al agua potable, lo que las expone a contaminantes relacionados con riesgos de cáncer.

Menor acceso a la asistencia sanitaria

Cribado y tratamiento : **Las** poblaciones vulnerables suelen tener menos acceso a los servicios de detección del cáncer y a los tratamientos avanzados.

Prevención y educación: Puede haber una falta de información y concienciación sobre la prevención del cáncer y los riesgos asociados a la contaminación.

Desigualdades sociales y económicas

Impacto económico: Los costes asociados al tratamiento del cáncer y la pérdida de ingresos debida a la enfermedad pueden ser devastadores para las familias con bajos ingresos.

Marginación: Las poblaciones marginadas, incluidas ciertas minorías étnicas y grupos indígenas, pueden verse especialmente afectadas por la discriminación y la marginación sistémicas.

Efectos en los niños

Desarrollo y salud: Los niños de comunidades vulnerables corren un riesgo especial, ya que la contaminación puede afectar a su desarrollo físico y cognitivo y aumentar el riesgo de cáncer en la edad adulta.

Impacto en las mujeres

Mayores riesgos: en determinadas poblaciones, las mujeres pueden estar más expuestas a determinados contaminantes domésticos o laborales, lo que aumenta su riesgo de padecer ciertos tipos de cáncer.

Repercusiones psicológicas

Estrés y ansiedad: Vivir con la doble carga de la contaminación y el mayor riesgo de enfermedad puede tener un profundo impacto psicológico, sobre todo en términos de estrés y ansiedad.

Retos para las comunidades rurales y agrícolas

Exposición a pesticidas: las comunidades agrícolas pueden estar expuestas a pesticidas y otras sustancias químicas, lo que aumenta el riesgo de padecer determinados tipos de cáncer.

Importancia de las medidas específicas

Programas específicos: Es esencial poner en marcha programas específicos para estas poblaciones, que ofrezcan un mejor acceso a la sanidad, la educación y los entornos saludables.

La atención a las necesidades de las poblaciones vulnerables es crucial en la lucha contra la contaminación y el cáncer. Para ello es necesario un planteamiento global que tenga en cuenta las desigualdades sociales, económicas y sanitarias, y se proponga reducirlas.

Debates éticos y derechos humanos

La relación entre contaminación, cáncer y derechos humanos plantea importantes debates éticos. Estos debates se centran en las responsabilidades de gobiernos y empresas, los derechos de las personas a un medio ambiente sano y las desigualdades en la exposición a riesgos y el acceso a la atención sanitaria. He aquí algunos aspectos clave de estos debates:

Derecho a un medio ambiente sano

Derechos humanos fundamentales: El acceso a un medio ambiente limpio y seguro se reconoce cada vez más como un derecho humano fundamental. La contaminación que aumenta el riesgo de cáncer cuestiona este derecho.

Responsabilidad gubernamental: Los gobiernos tienen la responsabilidad de proteger a sus ciudadanos de los peligros medioambientales y de regular las actividades contaminantes.

Justicia medioambiental

Desigualdades en la exposición: las comunidades pobres y las minorías suelen estar más expuestas a la contaminación, lo que plantea cuestiones de justicia medioambiental.

Acceso a la atención sanitaria: La desigualdad en el acceso a la detección y el tratamiento del cáncer es también un importante problema de justicia sanitaria.

Responsabilidad empresarial

Contaminación industrial: Las empresas suelen estar en el centro del debate por su papel en la contaminación ambiental. Su responsabilidad ante la sociedad y el medio ambiente es objeto de un amplio debate.

Transparencia y responsabilidad: Cada vez se exige más a las empresas que sean transparentes sobre su impacto medioambiental y que respondan de los daños causados.

Desarrollo sostenible

Equilibrio entre crecimiento y medio ambiente: ¿Cómo pueden las sociedades equilibrar el crecimiento económico con la protección del medio ambiente y la salud pública?

Principios de sostenibilidad: los debates se centran en la adopción de prácticas de desarrollo sostenible para reducir la contaminación y prevenir el cáncer.

Consentimiento informado y derechos del paciente

Información sobre riesgos: las personas tienen derecho a ser informadas sobre los riesgos ambientales y sanitarios asociados a su entorno vital y laboral.

Decisiones sanitarias: Los pacientes tienen derecho a tomar decisiones informadas sobre su tratamiento del cáncer, basadas en información completa y accesible.

Ética de la investigación

Experimentación y pruebas: cuestiones éticas en torno a las pruebas de nuevos tratamientos contra el cáncer, incluido el uso de animales y el consentimiento de los participantes humanos.

Prioridades de investigación: ¿Cuáles deben ser las prioridades de investigación, teniendo en cuenta tanto las necesidades globales como los intereses comerciales?

Estos debates éticos y cuestiones de derechos humanos son esenciales para orientar la política y la práctica en materia de salud ambiental y control del cáncer. Subrayan la importancia de un planteamiento equilibrado que respete los derechos de las personas al tiempo que persigue objetivos de salud pública y medioambiental.

Marco jurídico y responsabilidad de Empresas

Los marcos jurídicos y la responsabilidad de las empresas desempeñan un papel crucial en la gestión de la contaminación y la prevención del cáncer. Establecen las reglas, normas y obligaciones que rigen el funcionamiento de las empresas, sobre todo en lo que respecta a su impacto sobre el medio ambiente y la salud humana. He aquí algunos aspectos importantes de estos marcos:

Legislación medioambiental

Normas sobre contaminación: la legislación medioambiental establece normas sobre la calidad del aire, el agua y el suelo, limitando los niveles de contaminantes nocivos.

Emisiones industriales: la normativa específica controla las emisiones de fábricas, centrales eléctricas y otras fuentes industriales para minimizar su impacto en la salud pública.

Responsabilidad empresarial

Responsabilidad Social de las Empresas (RSE): Cada vez se espera más que las empresas actúen de forma responsable, no sólo con sus accionistas, sino también con la sociedad y el medio ambiente.

Principio de precaución: se anima a las empresas a adoptar enfoques preventivos para minimizar los riesgos medioambientales y sanitarios.

Derecho medioambiental y sanitario

Normativa sobre sustancias tóxicas: Las leyes regulan el uso y la gestión de sustancias químicas potencialmente peligrosas para reducir la exposición de los trabajadores y el público.

Derecho a la información: normativas como el derecho a la información medioambiental dan a los ciudadanos acceso a datos sobre contaminación y riesgos para la salud.

Acciones legales

Acciones colectivas: Los particulares afectados por la contaminación pueden unirse para emprender acciones colectivas contra las empresas responsables de la contaminación.

Daños y perjuicios: se puede exigir a las empresas que paguen daños y perjuicios por los impactos en la salud causados por sus actividades contaminantes.

Acuerdos internacionales

Cooperación transfronteriza: Los acuerdos internacionales, como el Acuerdo de París sobre el Clima, desempeñan un papel importante en la gestión de los problemas medioambientales mundiales.

Normas mundiales: Estos acuerdos contribuyen a establecer normas mundiales para la gestión de los contaminantes y la protección de la salud pública.

Control y cumplimiento

Inspecciones y auditorías: los organismos gubernamentales realizan inspecciones y auditorías para garantizar que las empresas cumplen las normas medioambientales.

Transparencia e información: cada vez se exige más a las empresas que informen sobre su impacto medioambiental y sus esfuerzos por reducirlo.

La eficacia de estos marcos jurídicos y de la responsabilidad de las empresas depende de su aplicación rigurosa y de un compromiso permanente con la mejora de las prácticas medioambientales. Esto requiere la colaboración entre gobiernos, empresas, organizaciones no gubernamentales y ciudadanos para crear un medio ambiente más sano y reducir el riesgo de cáncer relacionado con la contaminación.

Capítulo 12

EDUCACIÓN Y SENSIBILIZACIÓN

El papel de la educación en la prevención

La educación desempeña un papel fundamental en la prevención de la contaminación y el cáncer. Es esencial sensibilizar, informar y capacitar a las personas y las comunidades para que tomen medidas proactivas para proteger su salud y su entorno. He aquí algunos aspectos clave del papel de la educación en este contexto:

Sensibilización e información

Comprender los riesgos: la educación ayuda a las personas a comprender los riesgos asociados a la contaminación y cómo puede contribuir al desarrollo del cáncer.

Promoción de comportamientos saludables: los programas educativos pueden fomentar comportamientos y hábitos de vida que reduzcan el riesgo de cáncer, como adoptar una dieta sana, hacer ejercicio con regularidad y evitar fumar.

Educación en las escuelas

Integración en los planes de estudio: la introducción en los planes de estudio de asignaturas relacionadas con el medio ambiente, la salud pública y la prevención del cáncer puede sensibilizar a las nuevas generaciones desde una edad temprana.

Actividades y proyectos educativos: Los proyectos escolares centrados en el medio ambiente, como clubes científicos, huertos escolares y proyectos de reciclaje, pueden aumentar la concienciación y el compromiso de los alumnos.

Formación y recursos para profesionales sanitarios

Formación médica: formar a los profesionales sanitarios sobre los vínculos entre contaminación, medio ambiente y cáncer para que puedan asesorar y tratar mejor a sus pacientes.

Recursos y material educativo: proporcionar a los profesionales sanitarios recursos para educar a sus pacientes sobre la prevención del cáncer y los riesgos relacionados con la contaminación.

Campañas de sensibilización pública

Programas de sensibilización: utilizar los medios de comunicación, las campañas de carteles y las redes sociales para difundir información sobre los peligros de la contaminación y las formas de reducir el riesgo de cáncer.

Días temáticos: organización de actos y campañas en torno a días mundiales, como el Día Mundial del Medio Ambiente o el Día Mundial contra el Cáncer, para concienciar a la población.

Contribución comunitaria

Talleres y seminarios: organizar talleres comunitarios para debatir los problemas locales de contaminación y salud, y compartir estrategias de prevención.

Movilización comunitaria: Fomento de la participación activa de las comunidades en iniciativas medioambientales y sanitarias.

Uso de tecnologías modernas

Herramientas y aplicaciones en línea: Utilice plataformas en línea y aplicaciones móviles para proporcionar información accesible sobre la contaminación y la prevención del cáncer.

Programas educativos interactivos: Desarrollo de programas educativos interactivos y juegos para sensibilizar de forma atractiva.

La educación es, por tanto, una poderosa herramienta para prevenir la contaminación y el cáncer, ya que ofrece la oportunidad de informar, capacitar y comprometer a individuos y comunidades a todos los niveles. Invirtiendo en educación, las sociedades pueden fomentar una mayor concienciación y una actuación más eficaz en favor de la salud y el medio ambiente.

Programas de sensibilización comunitaria

Los programas de sensibilización comunitaria son esenciales para informar y movilizar a la población en torno a las cuestiones de la contaminación y la prevención del cáncer. Estos programas pueden adoptar diversas formas y adaptarse a las necesidades específicas de cada comunidad. He aquí algunos ejemplos eficaces de programas de sensibilización:

Talleres y seminarios educativos

Temas de sensibilización: organización de talleres sobre los efectos de la contaminación en la salud, formas de reducir la exposición a los contaminantes y estrategias de prevención del cáncer.

Expertos y ponentes: Invite a profesionales de la salud, expertos en medio ambiente y supervivientes de cáncer para que hablen de sus experiencias y conocimientos.

Campañas de sensibilización pública

Uso de los medios de comunicación: Difundir mensajes de sensibilización a través de los medios de comunicación locales, incluidas la televisión, la radio y las redes sociales.

Material informativo: Distribuya folletos, carteles y prospectos en lugares públicos, escuelas y centros de salud.

Programas escolares

Educación medioambiental: integración de la educación sobre contaminación y salud en los programas escolares.

Proyectos estudiantiles: Fomente proyectos estudiantiles centrados en el medio ambiente y la salud, como ferias de ciencias y clubes medioambientales.

Participación y movilización de la comunidad

Limpiezas comunitarias: organización de actos de limpieza para concienciar sobre la contaminación local y promover un medio ambiente limpio.

Huertos comunitarios: Creación de huertos comunitarios para fomentar una alimentación sana y concienciar sobre la agricultura sostenible.

Trabajar con profesionales sanitarios

Clínicas de **detección:** ofrecer clínicas de detección del cáncer en centros comunitarios para facilitar el acceso a los servicios sanitarios.

Formación de profesionales sanitarios: formación de trabajadores sanitarios comunitarios para sensibilizarlos sobre el cáncer y la contaminación.

Uso de la tecnología

Aplicaciones para móviles: desarrollo de aplicaciones que proporcionen información sobre la calidad del aire local, consejos sanitarios y recursos para la detección del cáncer.

Plataformas en línea: uso de plataformas en línea para crear comunidades virtuales de apoyo y compartir información.

Eventos y actividades especiales

Caminatas y carreras: organice caminatas o carreras para concienciar sobre el cáncer y recaudar fondos para la investigación y el apoyo a los pacientes.

Días temáticos: celebración de días mundiales, como el Día Mundial del Medio Ambiente o el Día Mundial contra el Cáncer, con actividades y actos educativos.

Estos programas pueden contribuir en gran medida a aumentar la concienciación colectiva sobre los problemas de la contaminación y el cáncer, al tiempo que refuerzan la cohesión comunitaria y fomentan acciones positivas en favor de la salud y el medio ambiente.

Movilizar a los jóvenes para el Medio Ambiente y la Salud

Movilizar a los jóvenes en favor de causas medioambientales y sanitarias es crucial, porque los jóvenes no sólo son los herederos de nuestro planeta, sino también influyentes agentes de cambio. He aquí algunas estrategias para implicar eficazmente a los jóvenes en estos ámbitos:

Educación y sensibilización en las escuelas

Programas educativos: incorporar lecciones sobre medio ambiente, sostenibilidad y salud en los planes de estudio escolares para concienciar desde una edad temprana.

Proyectos y actividades: Fomente proyectos escolares centrados en el medio ambiente, como huertos ecológicos, campañas de reciclaje y proyectos científicos sobre la contaminación.

Plataformas de medios sociales

Uso de las redes sociales: Utilice las plataformas de los medios sociales para compartir información, historias inspiradoras y oportunidades de compromiso con los jóvenes.

Influyentes y embajadores: trabajar con jóvenes influyentes para promover mensajes sobre medio ambiente y salud.

Programas de liderazgo y voluntariado

Programas de liderazgo juvenil: creación de programas que permitan a los jóvenes desarrollar capacidades de liderazgo y de gestión de proyectos medioambientales y sanitarios.

Oportunidades de voluntariado: Ofrecer oportunidades de voluntariado en organizaciones medioambientales y sanitarias para que los jóvenes puedan participar activamente en estas causas.

Campañas y actos específicos

Actos atractivos: Organiza actos como conferencias, talleres, concursos y maratones verdes que resulten atractivos e informativos para los jóvenes.

Campañas de sensibilización: Lanzar campañas centradas en temas que resuenen entre los jóvenes, como el cambio climático, la contaminación por plásticos y la vida sana.

Colaboración con universidades e institutos

Investigación e innovación: Fomento de la investigación y la innovación en los ámbitos del medio ambiente y la salud dentro de los centros educativos.

Clubes y sociedades: Apoyar la formación de clubes y sociedades de estudiantes centrados en el medio ambiente y la salud.

Uso de la tecnología y las aplicaciones

Aplicaciones educativas: desarrollo de aplicaciones y juegos que enseñen los principios de la sostenibilidad, la gestión de la contaminación y la prevención del cáncer de forma divertida y atractiva.

Plataformas de colaboración: Creación de plataformas en línea para colaborar, compartir ideas y poner en marcha proyectos medioambientales y sanitarios.

Fomento de las iniciativas locales

Proyectos comunitarios: animar a los jóvenes a participar en proyectos medioambientales y sanitarios en sus comunidades.

Tutoría y creación de redes: Establecer programas de tutoría y redes de apoyo para orientar a los jóvenes en sus iniciativas.

Al movilizar a los jóvenes, no sólo estamos preparando una futura generación consciente y responsable, sino que también nos beneficiamos de su energía, creatividad y capacidad para influir positivamente en la sociedad.

Capítulo 13

CONTAMINACIÓN INDUSTRIAL Y EL CÁNCER PROFESIONAL

Riesgos cancerígenos
en entornos industriales

Los entornos industriales presentan riesgos cancerígenos específicos debido a la exposición a diversos agentes químicos, físicos y biológicos. Estos son algunos de los riesgos cancerígenos que suelen asociarse a estos entornos:

Exposición a agentes químicos

Amianto: Utilizado en el pasado para productos de aislamiento y construcción, el amianto es un conocido carcinógeno, relacionado con el mesotelioma y el cáncer de pulmón.

Benceno: presente en el crudo y los productos derivados del petróleo, el benceno está asociado a la leucemia.

Formaldehído: Utilizado en la fabricación de productos de madera prensada, resinas y textiles, el formaldehído está relacionado con cánceres nasofaríngeos y leucemia.

Hidrocarburos aromáticos policíclicos (HAP): Generados durante la combustión incompleta de materia orgánica, los HAP están asociados a cánceres de piel, pulmón, vejiga y tracto gastrointestinal.

Agentes físicos

Radiaciones ionizantes: La exposición a radiaciones ionizantes, como las que se encuentran en la industria nuclear, puede aumentar el riesgo de padecer diversos tipos de cáncer, como leucemia y cáncer de tiroides.

Polvo y partículas: en industrias como la minería, la inhalación de polvo fino puede provocar cáncer de pulmón.

Factores biológicos

Exposición a agentes infecciosos: Determinados entornos industriales, especialmente en los sectores de la agricultura y la transformación de alimentos, pueden exponer a los trabajadores a agentes infecciosos que aumentan el riesgo de cáncer.

Estrés físico y térmico

Calor y frío extremos: Trabajar en condiciones de calor o frío extremos puede aumentar indirectamente el riesgo de padecer determinados tipos de cáncer.

Medidas de prevención y seguridad

Equipos de protección individual: Proporcionar y exigir el uso de equipos de protección adecuados para minimizar la exposición a sustancias cancerígenas.

Formación y concienciación: educar a los trabajadores sobre los riesgos asociados a su entorno laboral y las prácticas de trabajo seguras.

Controles y normativa: Aplicar controles estrictos sobre el uso de sustancias cancerígenas y garantizar el cumplimiento de la normativa de seguridad en el lugar de trabajo.

Vigilancia de la salud de los trabajadores: realización periódica de reconocimientos médicos y evaluaciones de la exposición para detectar precozmente cualquier signo de enfermedad relacionada con el entorno laboral.

Es crucial que las empresas y los organismos reguladores colaboren para identificar y gestionar estos riesgos, protegiendo así la salud de los trabajadores y ayudando a prevenir el cáncer en entornos industriales.

Casos prácticos de enfermedades profesionales relacionadas con la contaminación

Las enfermedades profesionales relacionadas con la contaminación son un importante tema de estudio, ya que ponen de manifiesto las consecuencias de la exposición a entornos de trabajo nocivos. He aquí algunos estudios de casos emblemáticos:

1. Enfermedades pulmonares en las minas de carbón

Contexto: los mineros del carbón están expuestos al polvo de carbón, que puede provocar enfermedades pulmonares crónicas como la neumoconiosis de los mineros del carbón (NPMC), también conocida como "pulmón negro".

Consecuencias: La exposición prolongada puede causar graves daños pulmonares y aumentar el riesgo de enfermedades respiratorias crónicas y cáncer de pulmón.

2. Mesotelioma en trabajadores expuestos al amianto

Antecedentes: La exposición al amianto, habitual en las industrias de la construcción y la reparación naval y en la fabricación de productos aislantes, está relacionada con el mesotelioma, un cáncer agresivo de la pleura.

Impacto: Los trabajadores expuestos al amianto pueden desarrollar esta enfermedad varias décadas después de su primera exposición, lo que subraya la naturaleza insidiosa del riesgo.

3. Cánceres de piel en agricultores

Antecedentes: Los agricultores, que pasan largas horas al sol, corren un mayor riesgo de padecer cánceres de piel como el carcinoma basocelular y el melanoma.

Prevención: Esta situación ha dado lugar a iniciativas de concienciación sobre la importancia de la protección solar y las revisiones periódicas de la piel.

4. Leucemia en la industria química

Antecedentes: los trabajadores de la industria química expuestos a sustancias como el benceno corren un mayor riesgo de padecer leucemia aguda.

Medidas de seguridad: Estos casos han reforzado la necesidad de normas de seguridad estrictas y medidas de protección personal en la industria.

5. Trastornos respiratorios en la industria textil

Contexto: Los trabajadores de las fábricas textiles, en particular los que se dedican a la producción de algodón, pueden desarrollar bisinosis, una enfermedad respiratoria relacionada con la inhalación de polvo de algodón.

Soluciones: Mejorar la ventilación y proporcionar equipos de protección respiratoria son medidas clave para reducir este riesgo.

6. Cánceres relacionados con la radiación en la industria nuclear

Contexto: los trabajadores de la industria nuclear expuestos a altos niveles de radiaciones ionizantes pueden desarrollar diversos tipos de cáncer, sobre todo de tiroides y de sangre.

Gestión de riesgos: Esto ha llevado a una regulación estricta de la exposición a la radiación y a controles sanitarios periódicos.

Estos estudios de casos ponen de relieve la importancia de una normativa estricta, una mayor concienciación y medidas de seguridad reforzadas para prevenir las enfermedades profesionales relacionadas con la contaminación. También ponen de relieve la necesidad de un seguimiento continuo de la salud de los trabajadores en las industrias de alto riesgo.

Prevención y normativa en el sector industrial

La prevención y la regulación en el sector industrial son esenciales para proteger la salud de los trabajadores y minimizar el impacto medioambiental de las actividades industriales. He aquí algunas estrategias y prácticas reguladoras clave:

Normas de salud y seguridad en el trabajo
> **Equipos de protección individual (EPI):** Proporcionar y exigir el uso de EPI adecuados, como mascarillas, guantes y ropa de protección, para reducir la exposición a sustancias peligrosas.
> **Formación en seguridad:** ofrezca formación periódica a los empleados sobre prácticas de trabajo seguras, el uso correcto de los EPI y la gestión de emergencias.

Controles medioambientales
> **Sistemas de ventilación:** Instalación y mantenimiento de sistemas de ventilación eficaces para reducir la exposición a contaminantes atmosféricos en los entornos de trabajo.
> **Reducción de emisiones:** Aplicación de tecnologías y procesos que reduzcan las emisiones de contaminantes a la atmósfera, el agua y el suelo.

Reglamentos y normas legislativas
> **Cumplimiento de las normas: Garantizar** que todas las operaciones industriales cumplen las normas medioambientales y de seguridad laboral establecidas por la legislación local e internacional.
> **Auditorías e inspecciones:** Realización de auditorías e inspecciones periódicas para garantizar el cumplimiento de las normas de seguridad y medio ambiente.

Vigilancia de la salud de los trabajadores
> **Reconocimientos médicos periódicos:** ofrezca reconocimientos médicos periódicos a los trabajadores para detectar precozmente los efectos nocivos de la exposición a sustancias peligrosas.
> **Programas de vigilancia: Establezca** programas de vigilancia de la salud para controlar las tendencias y los patrones de las enfermedades relacionadas con el trabajo.

Gestión de residuos y productos químicos

Almacenamiento seguro: Garantice el almacenamiento seguro de las sustancias químicas para evitar fugas, derrames y exposiciones accidentales.

Eliminación responsable: Gestionar la eliminación de residuos industriales de forma respetuosa con el medio ambiente para reducir su impacto en el entorno.

Desarrollo sostenible y responsabilidad social

Prácticas sostenibles: Adoptar prácticas empresariales sostenibles para minimizar el impacto medioambiental.

Participación de la comunidad: trabajar con las comunidades locales para abordar los problemas medioambientales y sanitarios.

Innovación y mejora continua

Investigación y desarrollo: invertir en investigación y desarrollo de tecnologías más limpias y seguras.

Mejora de los procesos: Fomento de la mejora continua de los procesos para aumentar su eficacia y reducir al mismo tiempo los riesgos para el medio ambiente y la salud.

Con la adopción de estas medidas, el sector industrial puede desempeñar un papel crucial en la prevención de las enfermedades relacionadas con la contaminación, incluido el cáncer, y contribuir a un futuro más sostenible y saludable.

Capítulo 14

LA TECNOLOGÍA A SU SERVICIO DEL MEDIO AMBIENTE

Innovaciones en la vigilancia de la contaminación

Las innovaciones en el control de la contaminación son esenciales para detectar, medir y analizar los contaminantes ambientales. Estas tecnologías avanzadas permiten un control más eficaz y preciso, ayudando a prevenir los efectos nocivos sobre la salud humana y el medio ambiente. He aquí algunos ejemplos notables de innovaciones en este campo:

Sensores y estaciones de control

Sensores de calidad del aire: los sensores avanzados pueden medir contaminantes específicos en el aire, como las partículas finas (PM2,5), el dióxido de nitrógeno y el ozono.

Estaciones de vigilancia medioambiental: las estaciones equipadas con múltiples sensores proporcionan datos en tiempo real sobre la calidad del aire, el agua y el suelo.

Tecnologías satelitales y aéreas

Imágenes por satélite: uso de satélites para vigilar a gran escala las emisiones de gases de efecto invernadero, la deforestación y los contaminantes atmosféricos.

Drones: uso de drones equipados con sensores para recoger datos sobre contaminantes en zonas de difícil acceso.

Big Data e Inteligencia Artificial

Análisis de Big Data: el uso de Big Data para analizar grandes volúmenes de datos medioambientales y detectar tendencias y patrones.

Modelos predictivos: Aplicación de inteligencia artificial para predecir los niveles de contaminación y su posible impacto en la salud y el medio ambiente.

Aplicaciones móviles y plataformas en línea

Aplicaciones sobre la calidad del aire: Las aplicaciones móviles proporcionan a los ciudadanos información en tiempo real sobre la calidad del aire, lo que les permite tomar decisiones informadas sobre su salud.

Plataformas de crowdsourcing: plataformas en línea en las que los ciudadanos pueden informar y compartir datos sobre la contaminación local.

Redes de sensores portátiles y personales

Sensores portátiles: Dispositivos portátiles que los individuos pueden utilizar para controlar su exposición personal a diversos contaminantes.

Ropa inteligente: Integración de sensores en la ropa para controlar la exposición a la contaminación de forma continua y discreta.

Análisis del agua y del suelo

Kits de análisis del agua: kits portátiles para analizar la calidad del agua y detectar contaminantes como metales pesados, nitratos y bacterias.

Analizadores de suelos: dispositivos para evaluar la contaminación del suelo y controlar la salud de los ecosistemas terrestres.

Estas innovaciones no sólo mejoran nuestra capacidad para vigilar y comprender la contaminación, sino que también ayudan a gobiernos, empresas y particulares a tomar medidas proactivas para reducirla y proteger la salud pública.

Sistemas de depuración y filtración avanzada

Los sistemas avanzados de depuración y filtración desempeñan un papel crucial en la reducción de la contaminación y la protección de la salud pública. Estas tecnologías son esenciales para eliminar o reducir la presencia de contaminantes en el aire, el agua y otros entornos. He aquí algunas innovaciones destacables en este campo:

Purificación del aire

Filtros HEPA (High-Efficiency Particulate Air): Estos filtros son extremadamente eficaces para capturar partículas finas, como alérgenos, esporas de moho y partículas de humo.

Purificadores de aire con tecnología UV: Utilizan luz ultravioleta para destruir bacterias, virus y otros microorganismos.

Purificadores de aire por ionización: Capturan las partículas contaminantes cargándolas eléctricamente.

Filtración del agua

Ósmosis inversa: esta técnica utiliza una membrana semipermeable para eliminar del agua iones, moléculas no deseadas y partículas de mayor tamaño.

Filtros de carbón activo: Eliminan los contaminantes orgánicos, el cloro y los malos sabores y olores del agua.

Sistemas de biofiltración: Utilizan materiales naturales o microorganismos para filtrar los contaminantes del agua.

Purificación del ambiente interior

Sistemas de ventilación inteligentes: Estos sistemas controlan activamente la calidad del aire interior, ajustando la ventilación en función de los niveles de contaminación detectados.

Plantas de interior: Algunas plantas son conocidas por su capacidad para filtrar los contaminantes atmosféricos y pueden utilizarse como medio natural para purificar el aire.

Tecnología nanotecnológica

Filtros basados en nanotecnología: Estos filtros utilizan nanomateriales para capturar contaminantes específicos a nivel molecular, proporcionando una filtración extremadamente fina.

Sistemas de tratamiento de aguas residuales

Tecnologías avanzadas de tratamiento de aguas residuales: Sistemas como los biorreactores de membrana y la filtración de arena tratan las aguas residuales antes de verterlas al medio ambiente.

Tratamiento de aguas residuales industriales: tratamiento especializado de aguas residuales industriales para eliminar contaminantes específicos como metales pesados y compuestos químicos tóxicos.

Depuración en situaciones de emergencia

Sistemas portátiles: unidades portátiles de filtración de agua para situaciones de emergencia, capaces de transformar el agua contaminada en agua potable.

Estas tecnologías avanzadas de depuración y filtración son esenciales para proteger la salud pública y el medio ambiente de los efectos nocivos de la contaminación. Su desarrollo continuo es crucial para hacer frente a los crecientes retos que plantea la contaminación en el mundo moderno.

El impacto de la tecnología verde sobre la reducción del riesgo de cáncer

La tecnología verde está desempeñando un papel importante en la reducción del riesgo de cáncer al abordar los problemas medioambientales relacionados con la contaminación. He aquí algunas áreas clave en las que la tecnología verde puede tener un impacto positivo:

Energías renovables

Reducción de las emisiones de gases de efecto invernadero: el uso de energías renovables, como la eólica, la solar y la hidroeléctrica, reduce la dependencia de los combustibles fósiles y, por tanto, las emisiones de contaminantes atmosféricos cancerígenos.

Mejora de la calidad del aire: la mejora de la calidad del aire derivada del uso de energías limpias puede reducir significativamente el riesgo de cáncer de pulmón y otras enfermedades respiratorias.

Vehículos eléctricos y transporte sostenible

Reducción de las emisiones de los vehículos: los vehículos eléctricos y los medios de transporte sostenibles, como la bicicleta y el transporte público, reducen la contaminación atmosférica en las zonas urbanas.

Menos contaminación acústica: Además de la contaminación atmosférica, reducir el ruido del tráfico también puede tener efectos beneficiosos para la salud en general.

Edificios ecológicos

Materiales de construcción ecológicos: el uso de materiales no tóxicos y ecológicos en la construcción reduce la exposición a sustancias químicas peligrosas en los ambientes interiores.

Gestión eficiente de la energía: los edificios ecológicos diseñados para una mayor eficiencia energética también contribuyen a reducir las emisiones globales de contaminantes.

Agricultura sostenible

Reducir el uso de pesticidas: la agricultura ecológica y las prácticas agrícolas sostenibles limitan la exposición a los pesticidas, que están relacionados con ciertos tipos de cáncer.

Preservar la calidad del agua: las técnicas agrícolas sostenibles contribuyen a evitar la contaminación de las aguas subterráneas y los cursos de agua.

Tecnologías de control de la contaminación

Purificación del aire y el agua: las tecnologías avanzadas de filtración y purificación eliminan los contaminantes cancerígenos del aire y el agua.

Gestión de residuos y reciclaje: los métodos más ecológicos de gestión de residuos reducen la liberación de sustancias tóxicas al medio ambiente.

Sensibilización y educación

Programas de sensibilización: la tecnología verde, acompañada de programas educativos, sensibiliza a la población sobre los vínculos entre el medio ambiente y la salud, incluidos los riesgos de cáncer.

Adoptando tecnologías ecológicas y promoviendo prácticas sostenibles es posible reducir significativamente los factores ambientales de riesgo de cáncer. Esta transición hacia soluciones más ecológicas es esencial no sólo para la salud humana, sino también para la salud general de nuestro planeta.

Capítulo 15

ALIMENTACIÓN, CONTAMINACIÓN Y CÁNCER

Impacto de los plaguicidas y productos químicos en la agricultura

El uso de plaguicidas y productos químicos en la agricultura tiene importantes repercusiones en la salud humana y el medio ambiente. Aunque estos productos son esenciales para controlar las plagas y aumentar la productividad agrícola, hay una serie de riesgos asociados a su uso:

Riesgos para la salud humana

Exposición directa: Los agricultores y trabajadores agrícolas que manipulan plaguicidas pueden estar expuestos directamente, lo que aumenta su riesgo de desarrollar enfermedades crónicas, incluidos ciertos tipos de cáncer.

Residuos en los alimentos: Los residuos de plaguicidas en frutas, verduras y cereales pueden suponer riesgos para los consumidores. Algunos pesticidas se han relacionado con diversos problemas de salud, como cáncer, trastornos neurológicos y problemas reproductivos.

Contaminación del agua: Los plaguicidas pueden filtrarse en las aguas subterráneas y contaminar las fuentes de agua potable, lo que supone un riesgo para la salud de las poblaciones remotas.

Impacto en el medio ambiente

Pérdida de biodiversidad: Los plaguicidas pueden matar especies no objetivo, como insectos beneficiosos, aves y organismos acuáticos, reduciendo la biodiversidad.

Contaminación de las aguas superficiales: la escorrentía de plaguicidas de los campos agrícolas puede contaminar ríos, lagos y arroyos, afectando a los ecosistemas acuáticos.

Resistencia a los plaguicidas: El uso excesivo de plaguicidas puede provocar resistencia en las especies plaga, lo que obliga a utilizar productos aún más potentes y tóxicos.

Alternativas y soluciones

Agricultura ecológica: La agricultura ecológica utiliza métodos naturales para combatir plagas y enfermedades, reduciendo la dependencia de los productos químicos.

Plaguicidas de bajo riesgo: el desarrollo y uso de plaguicidas biodegradables de bajo riesgo puede minimizar los impactos negativos.

Gestión Integrada de Plagas (GIP): la GIP combina distintas estrategias de gestión de plagas para reducir la dependencia de los pesticidas químicos.

Educación y formación: formar a los agricultores en prácticas agrícolas sostenibles y en el uso seguro de pesticidas.

Regulación y supervisión

Controles reglamentarios: Los gobiernos imponen normas estrictas sobre la aprobación, el uso y la gestión de los plaguicidas.

Control de residuos: los programas de control de residuos en los alimentos ayudan a garantizar que los niveles de plaguicidas se mantienen dentro de los límites de seguridad establecidos.

El impacto de los pesticidas y productos químicos en la agricultura es una cuestión compleja que requiere un equilibrio entre los beneficios de su uso en la producción de alimentos y los riesgos potenciales para la salud humana y el medio ambiente. Hay que seguir trabajando para desarrollar prácticas agrícolas más seguras y sostenibles.

El papel de la alimentación
en Prevención del cáncer

La dieta desempeña un papel crucial en la prevención del cáncer. Numerosas investigaciones demuestran que determinados alimentos y hábitos alimentarios pueden reducir el riesgo de desarrollar ciertos tipos de cáncer. He aquí los principales aspectos del papel de la dieta en la prevención del cáncer:

Consumo de fruta y verdura

- **Ricas en nutrientes: La** fruta y la verdura son ricas en vitaminas, minerales, fibra y antioxidantes, que pueden ayudar a proteger contra el cáncer.

- **Fitoquímicos:** Contienen fitoquímicos, compuestos que se han relacionado con un menor riesgo de varios tipos de cáncer.

Dieta equilibrada

- **Diversidad dietética:** Una dieta variada que incluya abundantes frutas y verduras, cereales integrales y proteínas magras puede ayudar a reducir el riesgo de cáncer.
- **Limitar las grasas saturadas y trans:** Reducir el consumo de grasas saturadas y trans, presentes en los alimentos procesados y la carne roja, también se recomienda para prevenir el cáncer.

Reducir el consumo de carne roja y procesada

- **Mayor riesgo: los** estudios han demostrado que un consumo elevado de carne roja y procesada puede aumentar el riesgo de padecer ciertos tipos de cáncer, en particular el cáncer colorrectal.
- **Alternativas saludables:** Favorezca las fuentes de proteínas magras como la carne de ave, el pescado, las legumbres y los frutos secos.

Alcohol y cáncer

- **Riesgo de alcohol: El** consumo excesivo de alcohol se ha relacionado con un mayor riesgo de varios tipos de cáncer, como el de hígado, mama y esófago.
- **Moderación o abstinencia:** Limitar el consumo de alcohol o abstenerse de consumirlo puede ayudar a reducir el riesgo de cáncer.

Peso corporal y dieta

- **Obesidad y cáncer: El** sobrepeso y la obesidad son factores de riesgo de varios tipos de cáncer. Una dieta equilibrada, combinada con ejercicio físico, es esencial para mantener un peso saludable.
- **Dieta y actividad física:** Adoptar una dieta sana y mantenerse físicamente activo son dos de las estrategias más importantes para prevenir el cáncer.

Suplementos y cáncer

- **Complementos alimenticios:** No hay pruebas concluyentes de que los complementos alimenticios puedan reducir el riesgo de cáncer. En general, es preferible seguir una dieta equilibrada.

Alimentos ecológicos

- **Pesticidas y cáncer:** Aunque todavía se está investigando, el consumo de alimentos ecológicos puede reducir la exposición a los residuos de pesticidas y hormonas utilizados en la agricultura convencional.

Es importante señalar que ningún alimento o dieta por sí solo puede garantizar la prevención del cáncer, pero una dieta sana y equilibrada puede desempeñar un papel importante en la reducción del riesgo. Combinar unos buenos hábitos alimentarios con otros comportamientos saludables, como dejar de fumar y practicar una actividad física regular, aumenta aún más la eficacia de la prevención.

Bioacumulación y cadenas alimentarias

La bioacumulación y su impacto en las cadenas alimentarias es un importante problema medioambiental, con posibles repercusiones para la salud humana y los ecosistemas. He aquí algunos aspectos clave de este fenómeno:

¿Qué es la bioacumulación?
- **Definición:** La bioacumulación se produce cuando las sustancias químicas tóxicas, como los metales pesados, los plaguicidas o los contaminantes orgánicos persistentes (COP), se acumulan en los organismos vivos hasta alcanzar concentraciones superiores a las presentes en su entorno.
- **Proceso:** Estas sustancias tóxicas suelen ser poco biodegradables y se acumulan gradualmente en los tejidos vivos con el paso del tiempo.

Biomagnificación en las cadenas alimentarias
- **Acumulación a lo largo de la cadena alimentaria:** Cuando los pequeños organismos contaminados son devorados por depredadores más grandes, los contaminantes se acumulan y concentran en cada nivel de la cadena alimentaria, un proceso conocido como biomagnificación.
- **Impactos sobre los depredadores en la cima de la cadena alimentaria:** Los animales situados en lo alto de la cadena alimentaria, incluidos los humanos, son especialmente vulnerables a la acumulación de altos niveles de toxinas.

Efectos en la salud humana

- **Exposición alimentaria: Los** seres humanos pueden estar expuestos a estas toxinas al consumir productos animales contaminados, como pescado y marisco.
- **Riesgos para la salud: La** exposición prolongada a estos contaminantes puede aumentar el riesgo de problemas de salud, incluido el desarrollo de ciertos cánceres, trastornos del sistema nervioso, problemas reproductivos y de desarrollo y alteraciones endocrinas.

Consecuencias medioambientales

- **Efectos sobre la fauna silvestre:** Los animales silvestres, en particular los de los ecosistemas acuáticos, pueden sufrir efectos adversos como trastornos reproductivos, anomalías del desarrollo y disminución de la población debido a la bioacumulación.
- **Alteración de los ecosistemas:** La bioacumulación de sustancias tóxicas puede alterar el equilibrio ecológico, afectando a la biodiversidad y al funcionamiento de los ecosistemas.

Estrategias de gestión y prevención

- **Control de contaminantes:** Aplicación de normas estrictas para controlar la emisión de sustancias peligrosas al medio ambiente.
- **Vigilancia medioambiental: Realización** de controles periódicos de los niveles de contaminantes en los ecosistemas, sobre todo en las zonas de alto riesgo.
- **Sensibilización y educación:** Informar al público y a la industria sobre los peligros de la bioacumulación y promover prácticas respetuosas con el medio ambiente.
- **Investigación científica: Llevar a** cabo investigaciones para comprender mejor los procesos de bioacumulación y desarrollar métodos para reducir su impacto.

La gestión eficaz de la bioacumulación es crucial para proteger la salud humana y preservar la salud de los ecosistemas. Para ello es necesario un planteamiento coordinado que incluya la reglamentación, la investigación, la vigilancia del medio ambiente y la educación del público.

Capítulo 16

ASPECTOS PSICOSOCIALES Y CULTURAL

Percepción cultural de la contaminación y el cáncer

Las percepciones culturales de la contaminación y el cáncer varían considerablemente de una sociedad a otra, influidas por factores históricos, socioeconómicos, educativos y mediáticos. Estas percepciones influyen en la forma en que las personas y las comunidades entienden, reaccionan y gestionan estos problemas. He aquí algunos aspectos clave:

Conciencia y comprensión

- **Nivel de conocimientos:** en algunas culturas puede existir una gran concienciación sobre los peligros de la contaminación y su relación con el cáncer, mientras que en otras este conocimiento puede ser limitado debido a un acceso restringido a la información.
- **Mitos y creencias:** Las creencias culturales y los mitos pueden influir a veces en la percepción del cáncer y la contaminación, minimizando a veces los riesgos o atribuyendo la enfermedad a causas no científicas.

Actitudes hacia el medio ambiente y la salud

- **Prioridades medioambientales:** en algunas sociedades, la protección del medio ambiente y la salud pública son prioridades importantes, mientras que en otras puede primar el desarrollo económico.
- **Prácticas tradicionales: los** enfoques tradicionales de la salud y la medicina pueden influir en la forma en que las personas perciben y tratan el cáncer.

Influencia de los medios de comunicación y la educación

- **Cobertura mediática: los** medios de comunicación desempeñan un papel crucial en la formación de la percepción pública de la contaminación y el cáncer, influyendo en la concienciación y comprensión de los riesgos.
- **Educación: los** sistemas educativos que integran la salud medioambiental y la concienciación sobre el cáncer contribuyen a una mejor comprensión y a respuestas más eficaces.

Impacto de las normas y valores sociales

- **Normas sociales: las** actitudes culturales hacia la enfermedad, la muerte y el bienestar pueden influir en la forma en que las comunidades abordan la prevención y el tratamiento del cáncer.

- **Valores culturales:** Valores como la solidaridad comunitaria, el respeto por la naturaleza o la prioridad del crecimiento económico pueden configurar las respuestas a la contaminación y el cáncer.

Papel de los dirigentes y las instituciones

- **Influencia de los líderes: Los** líderes religiosos, comunitarios y políticos pueden tener un impacto significativo en las percepciones públicas y las políticas relacionadas con la contaminación y el cáncer.
- **Instituciones y políticas: Los** marcos políticos e institucionales también reflejan y conforman las actitudes culturales hacia estas cuestiones.

Respuestas comunitarias e individuales

- **Prácticas de prevención: las** prácticas culturales en cuanto a dieta, estilo de vida y medicina tradicional pueden influir en las estrategias de prevención del cáncer.
- **Respuestas a las políticas medioambientales: La** aceptación y el apoyo a las políticas medioambientales también dependen de factores culturales.

Al comprender las diversas percepciones culturales de la contaminación y el cáncer, los responsables políticos, los profesionales sanitarios y los activistas pueden desarrollar estrategias de comunicación e intervención más eficaces y sensibles a las diferencias culturales. Esto es esencial para promover un cambio de comportamiento sostenible y mejorar la salud pública y medioambiental.

Impacto psicológico
sobre las poblaciones afectadas

El impacto psicológico de la contaminación y el cáncer en las poblaciones afectadas es profundo y polifacético. Las personas y comunidades que se enfrentan a estos problemas pueden experimentar toda una serie de emociones y repercusiones mentales. He aquí algunos aspectos clave de este impacto psicológico:

Estrés y ansiedad

- **Miedo a la enfermedad:** El miedo a desarrollar un cáncer como consecuencia de la exposición a la contaminación puede provocar una ansiedad importante.

- **Incertidumbre y preocupación: La** incertidumbre sobre los efectos a largo plazo de la contaminación y la preocupación por la salud de las generaciones futuras también pueden ser fuentes de estrés.

Impacto en la calidad de vida

- **Modificación del estilo de vida: la** preocupación por la contaminación puede obligar a las personas a modificar su estilo de vida, como evitar determinadas actividades al aire libre, lo que puede afectar a su bienestar.
- **Aislamiento social:** las personas con cáncer o que viven en zonas muy contaminadas pueden sentirse socialmente aisladas o estigmatizadas.

Repercusiones emocionales

- **Angustia emocional:** El diagnóstico de cáncer o la constatación de que se vive en un entorno contaminado pueden causar angustia emocional, como tristeza, ira y desesperación.
- **Sentimiento de impotencia:** Sentirse impotente o fatalista ante la contaminación ambiental o el cáncer puede repercutir negativamente en la salud mental.

Impacto en las familias y las comunidades

- **Estrés familiar:** El diagnóstico de cáncer en un miembro de la familia puede provocar estrés familiar, afectando a las relaciones y a la dinámica familiar.
- **Cohesión de la comunidad:** Las comunidades afectadas por la contaminación o altos niveles de cáncer pueden experimentar un sentimiento de pérdida de cohesión o desconfianza hacia las autoridades y la industria.

Depresión y trastornos mentales

- **Mayores riesgos:** las personas que viven en zonas contaminadas o las que padecen cáncer tienen más probabilidades de sufrir depresión y otros trastornos mentales.
- **Necesidad de apoyo psicológico:** Es crucial proporcionar un apoyo psicológico adecuado a estas personas y comunidades.

Activismo y resistencia

- **Movilización comunitaria: frente** a la contaminación y el cáncer, ciertas comunidades pueden desarrollar resiliencia movilizándose para la acción colectiva y el cambio medioambiental.

- **Empoderamiento: El** activismo y la participación en iniciativas de cambio también pueden aportar una sensación de empoderamiento y esperanza.

Tener en cuenta el impacto psicológico de la contaminación y el cáncer es esencial si queremos ofrecer un apoyo integral a las personas y comunidades afectadas. Esto incluye no sólo la atención médica y medioambiental, sino también un apoyo psicológico y social adecuado.

El papel de los medios de comunicación y la información en Conciencia

El papel de los medios de comunicación e información en la concienciación sobre la contaminación y el cáncer es crucial. Sirven de plataformas esenciales para educar al público, influir en la opinión pública y estimular la acción política e individual. He aquí algunos aspectos clave de este papel:

Difusión de información fiable
- **Educación pública:** los medios de comunicación desempeñan un papel importante en la difusión de información fiable y accesible sobre las causas, efectos y prevención de la contaminación y el cáncer.
- **Aclarar los hechos:** ayudan a desmitificar información científica compleja y a aclarar informaciones falsas o mitos en torno a la contaminación y el cáncer.

Sensibilización y prevención
- **Campañas de sensibilización:** los medios de comunicación pueden lanzar o apoyar campañas de sensibilización que pongan de relieve los problemas de la contaminación y el cáncer, fomenten comportamientos preventivos y promuevan estilos de vida saludables.
- **Historias y testimonios:** Presentar historias personales y testimonios puede hacer que el tema resulte más cercano y urgente para el público.

Vigilancia y crítica
- **Control de la acción gubernamental:** los medios de comunicación desempeñan una función de vigilancia para que los gobiernos y las empresas rindan cuentas de sus actuaciones en materia de contaminación y política sanitaria.

- **Crítica y análisis:** ofrecen una plataforma para criticar y analizar las políticas públicas, las iniciativas de la industria y las tendencias medioambientales.

Plataforma de debate y discusión

- **Foros de debate:** los medios de comunicación ofrecen foros en los que expertos, responsables políticos, activistas y ciudadanos pueden debatir sobre los problemas de la contaminación y el cáncer y sus soluciones.
- **Diversidad de opiniones:** presentan una serie de perspectivas que contribuyen a un debate público equilibrado e informado.

Influir en las políticas y los comportamientos

- **Orientación política: la** cobertura de los medios de comunicación puede influir en la agenda política poniendo de relieve cuestiones específicas y ejerciendo presión para el cambio.
- **Cambio de comportamiento:** Una mayor concienciación puede conducir a cambios en el comportamiento y el estilo de vida de las personas, contribuyendo así a prevenir el cáncer.

Uso de las nuevas tecnologías

- **Medios de comunicación social: Las** plataformas de medios de comunicación social permiten difundir información de forma rápida y amplia, y fomentan la implicación y participación del público.
- **Contenidos multimedia: el** uso de diversos formatos, como vídeos, podcasts e infografías, puede hacer la información más atractiva y comprensible.

El papel de los medios de comunicación en la concienciación sobre la contaminación y el cáncer es, por tanto, multidimensional y combina educación, seguimiento, debate e influencia. Una cobertura mediática responsable e informada es esencial para orientar a la opinión pública y apoyar los esfuerzos de prevención y gestión de estos problemas.

Capítulo 17

PARTICIPACIÓN Y RESPONSABILIDAD DE EMPRESAS

Casos prácticos de responsabilidad social de las empresas

La Responsabilidad Social de las Empresas (RSE) es un concepto clave en la empresa contemporánea, que refleja el compromiso de las empresas con la sociedad y el medio ambiente. Algunos casos concretos ilustran cómo algunas empresas integran la RSE en sus actividades, con importantes repercusiones en la salud pública, el medio ambiente y las comunidades. He aquí algunos ejemplos:

1. Iniciativas de sostenibilidad en la industria tecnológica
   - **Caso práctico:** Grandes empresas tecnológicas se comprometen a utilizar un 100% de energías renovables en sus operaciones, reduciendo así su huella de carbono.
   - **Impacto:** Estas acciones contribuyen a la lucha contra el cambio climático y fomentan el desarrollo de tecnologías energéticas sostenibles.
2. Programas de salud y seguridad en el sector industrial
   - **Estudio de caso: Las** empresas industriales aplican rigurosos programas de salud y seguridad para proteger a sus empleados, reducir la exposición a sustancias tóxicas y mejorar las condiciones de trabajo.
   - **Impacto:** Estas medidas reducen el riesgo de enfermedades profesionales, incluido el cáncer, y mejoran la calidad de vida de los trabajadores.
3. Apoyo a las comunidades locales por parte de las empresas extractivas
   - **Estudio de caso:** Algunas empresas mineras y petroleras invierten en las comunidades locales apoyando la educación, la sanidad y las infraestructuras.
   - **Impacto:** Estas inversiones contribuyen al desarrollo económico y social de las comunidades afectadas por las actividades extractivas.
4. Políticas de productos ecológicos en el sector minorista
   - **Estudio de caso:** Los minoristas se comprometen a eliminar las sustancias químicas peligrosas de sus productos y a promover alternativas respetuosas con el medio ambiente.
   - **Impacto:** se reduce la exposición de los consumidores a sustancias potencialmente nocivas y se fomentan pautas de consumo más sostenibles.

5. Gestión sostenible de los recursos en el sector agroalimentario
  - **Estudio de caso:** las empresas agroalimentarias adoptan prácticas agrícolas sostenibles, como la reducción del uso de pesticidas y la mejora de la gestión del agua.
  - **Impacto:** Estas prácticas reducen el impacto medioambiental de la agricultura y mejoran la seguridad y la calidad de los alimentos.
6. Compromiso con la transparencia y la ética
  - **Estudio de caso:** Las empresas se comprometen a ser más transparentes publicando informes detallados sobre su impacto medioambiental y social.
  - **Impacto:** Esta transparencia refuerza la confianza de consumidores e inversores y estimula la mejora continua de las prácticas empresariales.

Estos estudios de casos demuestran que la RSE puede ser un poderoso motor de cambio positivo, no sólo para las propias empresas, sino también para la sociedad y el medio ambiente en su conjunto. Al asumir su responsabilidad social, las empresas pueden desempeñar un papel clave en la resolución de retos contemporáneos como la contaminación, el cambio climático y las enfermedades relacionadas con el medio ambiente, como el cáncer.

Normativa y presiones
para una producción más limpia

La normativa y la presión en favor de una producción más limpia desempeñan un papel crucial en la reducción del impacto ambiental de las actividades industriales y comerciales. He aquí algunos aspectos clave de estas normativas y presiones:
Normativa medioambiental
  - **Normas de emisión:** Las estrictas regulaciones sobre la emisión de contaminantes al aire, el agua y el suelo están obligando a las industrias a adoptar tecnologías más limpias.
  - **Uso de los recursos: las** leyes destinadas a un uso más eficiente y sostenible de los recursos naturales, incluidos el agua y la energía, fomentan una producción respetuosa con el medio ambiente.

- **Gestión de residuos: la** normativa sobre gestión y eliminación de residuos industriales pretende reducir la contaminación y fomentar el reciclaje y la recuperación.

Presión del mercado y de los consumidores

- **Demanda de productos ecológicos: La** creciente concienciación de los consumidores hace que prefieran productos ecológicos, lo que empuja a las empresas a adoptar prácticas más sostenibles.
- **Normas y etiquetas ecológicas:** etiquetas como "ecológico", "eco-responsable" o "comercio justo" influyen en las decisiones de los consumidores y animan a las empresas a mejorar sus procesos de producción.

Iniciativas de desarrollo sostenible

- **Responsabilidad Social Corporativa (RSC):** Las empresas adoptan políticas de RSC para integrar prácticas sostenibles en sus operaciones y reforzar su imagen de marca.
- **Inversión sostenible:** El aumento de la inversión en empresas que siguen los principios del desarrollo sostenible presiona a todas las empresas para que mejoren su comportamiento medioambiental.

Acuerdos e iniciativas internacionales

- Acuerdos **medioambientales:** Acuerdos como el del Clima de París animan a países e industrias a reducir sus emisiones de gases de efecto invernadero.
- **Cooperación internacional: La** colaboración entre países para establecer normas medioambientales internacionales ejerce una presión adicional sobre las empresas para que las cumplan.

Tecnología e innovación

- **Desarrollo de tecnologías verdes:** La innovación en tecnologías limpias ofrece a las empresas opciones más eficientes y menos contaminantes.
- **Subvenciones e incentivos fiscales:** Los incentivos gubernamentales para la adopción de tecnologías limpias ayudan a las empresas a realizar la transición hacia prácticas más sostenibles.

Presión de accionistas e inversores

- **Inversión responsable:** Accionistas e inversores presionan cada vez más a las empresas para que adopten prácticas sostenibles que minimicen el riesgo y garanticen la viabilidad a largo plazo.

Combinando normativas estrictas, presiones del mercado, iniciativas de desarrollo sostenible e innovación tecnológica, es posible fomentar una transición hacia una producción más limpia y respetuosa con el medio ambiente. Esta transición es esencial para reducir el impacto de las actividades industriales sobre la salud humana y el planeta.

Innovaciones sostenibles en el sector privado

El sector privado desempeña un papel clave en el fomento de la innovación sostenible, ya que muchas empresas adoptan y desarrollan tecnologías y prácticas que reducen el impacto ambiental al tiempo que apoyan el crecimiento económico. He aquí algunos ejemplos de innovación sostenible en el sector privado:

Energías renovables y eficiencia energética
- **Desarrollo de tecnologías solares y eólicas:** Las empresas están invirtiendo en tecnologías solares avanzadas y turbinas eólicas más eficientes para aumentar la producción de energía renovable.
- **Edificios de alta eficiencia energética:** construcción de edificios comerciales e industriales con materiales respetuosos con el medio ambiente y diseños innovadores para reducir el consumo de energía.

Movilidad sostenible
- **Vehículos eléctricos e híbridos: Los** fabricantes de automóviles están invirtiendo en el desarrollo de vehículos eléctricos e híbridos para reducir las emisiones de gases de efecto invernadero.
- **Soluciones de movilidad compartida:** Las empresas de transporte están desarrollando soluciones de movilidad compartida, como el uso compartido de coches y bicicletas, para reducir la congestión y la contaminación.

Tecnologías de la Información y la Comunicación (TIC)
- **Green IT:** las empresas de TIC están desarrollando soluciones para reducir el consumo de energía de los centros de datos y los dispositivos informáticos.
- **Aplicaciones y plataformas sostenibles:** Desarrollo de aplicaciones y plataformas que faciliten prácticas sostenibles, como el seguimiento del consumo de energía o la puesta en común de recursos.

Gestión sostenible de los recursos

- **Reciclaje y reutilización: las** empresas implantan sistemas avanzados de reciclaje e iniciativas de reutilización para minimizar los residuos.
- **Gestión sostenible del agua:** Desarrollo de tecnologías para un uso más eficiente del agua y para el tratamiento y reutilización de las aguas residuales.

Agricultura y alimentación sostenibles

- **Agricultura de precisión:** uso de tecnologías como drones, sensores e inteligencia artificial para optimizar el uso de los recursos en la agricultura.
- **Alimentos sostenibles:** las empresas alimentarias están invirtiendo en la producción sostenible de alimentos, incluyendo alternativas basadas en plantas y métodos de producción orgánica.

Productos y servicios ecológicos

- **Ecodiseño:** diseñar productos que no sólo sean eficientes y útiles, sino también respetuosos con el medio ambiente y fáciles de reciclar o descomponer.
- **Servicios basados en la Economía Circular:** Creación de modelos de negocio que fomenten la reutilización y reducción de residuos.

Responsabilidad social de las empresas (RSE)

- **Programas de RSC:** Las empresas están implantando programas de RSC centrados en la sostenibilidad medioambiental, el apoyo a la comunidad y las prácticas laborales éticas.

Estas innovaciones demuestran que el sector privado puede ser un poderoso motor del cambio sostenible, contribuyendo tanto a la protección del medio ambiente como a los objetivos económicos a largo plazo. Al integrar la sostenibilidad en sus modelos de negocio, las empresas pueden desempeñar un papel clave en la construcción de un futuro más sostenible.

Capítulo 18

POLÍTICA Y GOBERNANZA MEDIOAMBIENTALES

Análisis de políticas medioambientales eficaces

El análisis de la eficacia de las políticas medioambientales requiere una evaluación de las estrategias y acciones aplicadas para proteger el medio ambiente y promover la sostenibilidad. Las políticas eficaces son aquellas que logran sus objetivos al tiempo que son económicamente viables y socialmente aceptables. He aquí algunos aspectos clave del análisis de políticas medioambientales eficaces:

Objetivos claros y mensurables
- **Definición de objetivos:** Las políticas eficaces tienen objetivos claros, como reducir las emisiones de CO2, mejorar la calidad del aire o conservar la biodiversidad.
- **Indicadores de resultados: Se** utilizan indicadores mensurables para evaluar los avances y la eficacia de las políticas.

Integración e investigación científicas
- **Fundamento científico:** Las políticas deben basarse en pruebas científicas sólidas, con una comprensión clara de los problemas medioambientales que pretenden resolver.
- **Innovación y adaptación:** Las políticas deben fomentar la innovación tecnológica y ser lo bastante flexibles para adaptarse a los nuevos descubrimientos y a las cambiantes condiciones medioambientales.

Participación y apoyo públicos
- **Participación de las partes interesadas:** Implicar a comunidades, empresas y grupos ecologistas en la elaboración de políticas garantiza una mayor comprensión y apoyo.
- **Sensibilización y educación:** Informar y educar al público sobre cuestiones medioambientales es crucial para el éxito de las políticas.

Cooperación internacional
- **Acuerdos y normas internacionales: Los** problemas medioambientales transfronterizos requieren cooperación internacional, como ilustra el Acuerdo de París sobre el Clima.
- **Compartir buenas prácticas**: el intercambio de información y estrategias entre países puede mejorar la eficacia de las políticas medioambientales.

Evaluación y revisión continuas

- **Supervisión e información: La** supervisión periódica y la información transparente sobre los resultados de las políticas ayudan a evaluar su eficacia.
- **Revisiones basadas en los resultados:** Las políticas deben revisarse y ajustarse en función de sus resultados y de los cambios en las condiciones medioambientales y económicas.

Sostenibilidad económica

- **Incentivos económicos:** incentivos como las subvenciones a las tecnologías ecológicas o los impuestos sobre la contaminación pueden fomentar las prácticas sostenibles.
- **Análisis coste-beneficio:** las políticas deben ser económicamente viables, con beneficios que compensen los costes asociados.

Equidad y justicia medioambiental

- **Consideración de las poblaciones vulnerables:** Las políticas deben tener en cuenta el impacto sobre las poblaciones más vulnerables y aspirar a reducir las desigualdades medioambientales.
- **Distribución equitativa de los recursos:** Garantizar una distribución justa y equitativa de los recursos naturales y las cargas medioambientales.

El análisis de las políticas medioambientales eficaces revela que el éxito depende de una combinación de rigor científico, apoyo público, viabilidad económica y cooperación internacional. Se necesita un planteamiento holístico e integrado para abordar con eficacia los retos medioambientales contemporáneos.

El papel de los acuerdos internacionales y Cooperación

Los acuerdos y la cooperación internacionales desempeñan un papel esencial en la gestión de retos medioambientales globales como el cambio climático, la pérdida de biodiversidad y la contaminación. Estos acuerdos permiten a las naciones colaborar en estrategias y acciones que van más allá de las capacidades y jurisdicciones individuales. He aquí algunos aspectos clave de su papel:

Establecer normas y objetivos comunes

- **Acuerdos sobre el clima:** Acuerdos como el de París sobre el clima establecen objetivos mundiales para reducir las emisiones de gases de efecto invernadero y limitar el calentamiento global.
- **Proteger la biodiversidad:** el Convenio sobre la Diversidad Biológica promueve la conservación de la biodiversidad y el uso sostenible de los recursos naturales.

Compartir recursos y conocimientos

- **Tecnología y conocimientos:** la cooperación internacional facilita el intercambio de tecnologías respetuosas con el medio ambiente y de conocimientos científicos entre países desarrollados y en desarrollo.
- **Ayuda financiera:** Los países más ricos suelen comprometerse a prestar ayuda financiera a los países en desarrollo para ayudarles a alcanzar sus objetivos medioambientales.

Control e informes

- **Seguimiento de los avances: Los** acuerdos internacionales implican mecanismos de seguimiento de los avances de los países hacia los objetivos acordados.
- **Rendición de cuentas y transparencia:** La necesidad de informar periódicamente fomenta la rendición de cuentas y la transparencia en las actuaciones de los países.

Resolución de conflictos y cooperación transfronteriza

- **Gestión de recursos compartidos: Los** acuerdos internacionales ayudan a gestionar los recursos compartidos, como las cuencas fluviales y los ecosistemas transfronterizos, de forma sostenible y equitativa.
- **Prevención y resolución de conflictos:** Proporcionan un marco para la prevención y resolución de conflictos relacionados con los recursos naturales y el medio ambiente.

Sensibilización y compromiso global

- **Concienciación mundial: Los** acuerdos internacionales aumentan la concienciación sobre los problemas medioambientales mundiales, destacando su importancia y urgencia.
- **Movilizar a los ciudadanos:** También pueden estimular el compromiso y la acción de los ciudadanos, las empresas y las organizaciones no gubernamentales.

Adaptación y mitigación de los efectos medioambientales
- **Estrategias de adaptación:** los países colaboran para desarrollar estrategias de adaptación a los efectos del cambio climático, como la subida del nivel del mar y los fenómenos meteorológicos extremos.
- **Reducción del riesgo de catástrofes: los** acuerdos internacionales también pueden incluir iniciativas para reducir el riesgo de catástrofes naturales y responder a emergencias medioambientales.

La cooperación internacional a través de acuerdos e iniciativas conjuntas es esencial para hacer frente a los retos medioambientales mundiales. Permite una actuación coordinada, refuerza la responsabilidad global y promueve un reparto equitativo de responsabilidades y recursos para proteger nuestro planeta.

Gestión y Planificación Urbanas
para reducir la contaminación

La gestión y la planificación urbanas desempeñan un papel crucial en la reducción de la contaminación. Como centros de densa actividad humana, las ciudades se enfrentan a menudo a altos niveles de contaminación atmosférica, acústica y del agua. Una planificación urbana eficaz puede mitigar estos problemas y mejorar la calidad de vida de sus habitantes. He aquí algunas estrategias clave:

Planificación urbana integrada
- **Zonificación y uso del suelo:** Una planificación urbana inteligente que integre zonas residenciales, comerciales e industriales bien planificadas puede reducir la necesidad de largos desplazamientos y, en consecuencia, la contaminación relacionada con el transporte.
- **Espacios verdes e infraestructuras azules:** la creación de parques, jardines, azoteas verdes y corredores azules (masas de agua) puede mejorar la calidad del aire y ofrecer espacios de esparcimiento, al tiempo que ayuda a gestionar el agua de lluvia.

Transporte sostenible
- **Redes de transporte público:** Desarrollar sistemas eficientes de transporte público, como autobuses, tranvías

y metros, para reducir la dependencia del vehículo privado.

- **Infraestructuras para ciclistas y peatones:** Crear carriles bici y aceras anchas para fomentar los desplazamientos a pie y en bicicleta, reduciendo así la contaminación y mejorando la salud pública.

Edificios ecológicos y energía

- **Normas de construcción sostenible:** Imponer normas estrictas de eficiencia energética y uso de materiales sostenibles en los edificios nuevos y las reformas.
- **Energías renovables:** Fomento del uso de fuentes de energía renovables, como paneles solares y sistemas de calefacción geotérmica, en edificios urbanos.

Gestión de residuos

- **Sistemas de reciclaje y compostaje: implantar** sistemas eficaces de gestión de residuos para reducir la cantidad de residuos enviados a vertederos y la contaminación resultante.
- **Reducir los residuos en origen:** Fomentar prácticas de reducción de residuos, como el uso de materiales reutilizables y el compostaje.

Control de la calidad del aire y la contaminación

- **Sensores de contaminación:** Instale sensores para controlar la calidad del aire e identificar las fuentes de contaminación.
- **Normativa sobre emisiones :** Aplicar una normativa estricta sobre las emisiones industriales y de vehículos para controlar las fuentes de contaminación atmosférica.

Sensibilización y participación ciudadana

- **Programas educativos:** sensibilizar a la población sobre los problemas de la contaminación y los comportamientos ecorresponsables.
- **Participación de la comunidad: implicar** a los residentes en la planificación urbana y las iniciativas ecológicas.

La gestión y planificación urbanas para reducir la contaminación requieren un planteamiento holístico que integre las dimensiones ambiental, social y económica. Adoptando estrategias sostenibles, las ciudades pueden convertirse en lugares más sanos, resilientes y agradables para vivir.

Capítulo 19

ACTIVISMO Y MOVILIZACIÓN CIVIL

Movimientos ciudadanos y su impacto

Los movimientos ciudadanos tienen un profundo impacto en la concienciación y la adopción de medidas sobre cuestiones medioambientales y de salud pública como la contaminación y el cáncer. Estos movimientos pueden adoptar muchas formas, desde protestas locales a campañas mundiales, y desempeñan varias funciones clave:

Sensibilización y educación
- **Difusión de información: Los** movimientos ciudadanos sensibilizan a la opinión pública sobre cuestiones específicas que los medios de comunicación tradicionales o los gobiernos suelen descuidar o subestimar.
- **Programas educativos:** organizan talleres, seminarios y campañas educativas para informar a la gente sobre los problemas medioambientales y sanitarios y cómo combatirlos.

Presión sobre los responsables políticos
- **Influir en la política: los** movimientos ciudadanos pueden ejercer una importante presión sobre los políticos para que adopten o modifiquen las políticas medioambientales y sanitarias.
- **Defensa de los derechos:** defienden activamente los derechos de los ciudadanos a un medio ambiente sano y al acceso a la sanidad.

Cambio de las normas sociales
- **Cambio de comportamiento:** Mediante la sensibilización y la educación, estos movimientos pueden cambiar el comportamiento individual y colectivo en favor de prácticas más sostenibles y saludables.
- **Creación de una cultura de sostenibilidad:** Ayudan a establecer una cultura de responsabilidad medioambiental y concienciación sobre la salud pública.

Movilización y acción colectivas
- **Campañas y manifestaciones: Los** movimientos organizan campañas, manifestaciones y concentraciones para llamar la atención sobre cuestiones concretas y presionar para que se tomen medidas.
- **Participación comunitaria:** Fomentan la participación activa de los ciudadanos en la gestión de su entorno y la promoción de la salud pública.

Colaboración y redes

- **Asociaciones: los** movimientos ciudadanos suelen colaborar con ONG, expertos, empresas y otras partes interesadas para reforzar su impacto.
- **Redes mundiales:** Pueden conectarse y colaborar con movimientos similares a escala internacional, compartiendo recursos, conocimientos y estrategias.

Innovación y soluciones creativas

- **Desarrollo de soluciones:** estos movimientos fomentan la innovación y el desarrollo de soluciones nuevas y creativas a los problemas medioambientales y sanitarios.
- **Proyectos piloto:** Pueden poner en marcha proyectos piloto para demostrar la eficacia de determinadas prácticas o tecnologías.

Los movimientos ciudadanos desempeñan un papel vital en la promoción de cambios positivos en cuestiones medioambientales y de salud pública. Al movilizar a la sociedad civil, ejercer presión política y fomentar la adopción de prácticas sostenibles, contribuyen significativamente a crear un futuro más sano y sostenible.

Éxito de las acciones colectivas

La acción colectiva de comunidades, organizaciones o movimientos ciudadanos ha dado lugar a numerosos éxitos en la lucha contra la contaminación y la promoción de la salud ambiental. Estas acciones muestran cómo la colaboración y el compromiso pueden conducir a cambios significativos. He aquí algunos ejemplos destacados:

Limpieza y restauración de cursos de agua

- **Ejemplo:** Iniciativas comunitarias para limpiar y restaurar ríos y lagos contaminados.
- **Impacto:** Estas acciones han supuesto a menudo una mejora significativa de la calidad del agua, beneficiando tanto al ecosistema acuático como a las comunidades locales.

Campañas contra los vertederos ilegales

- **Ejemplo: los** movimientos ciudadanos se han organizado para oponerse a la creación de vertederos ilegales o al establecimiento de industrias contaminantes en sus comunidades.

- **Resultado:** estas campañas han conseguido a menudo detener o reubicar proyectos perjudiciales para el medio ambiente y la salud pública.

Iniciativas de reforestación y conservación

- **Ejemplo:** grupos comunitarios y ONG han puesto en marcha proyectos de reforestación y conservación en zonas degradadas.
- **Beneficios:** Estas iniciativas han contribuido a la restauración de la biodiversidad, el secuestro de carbono y la regeneración del suelo.

Movilización en favor de las políticas medioambientales

- **Ejemplo:** manifestaciones y peticiones organizadas por los ciudadanos para exigir políticas medioambientales más estrictas.
- **Consecuencias:** Estos esfuerzos han conducido en ocasiones a la adopción de nueva legislación medioambiental o a la aplicación de normativas más estrictas.

Desarrollo de soluciones locales sostenibles

- **Ejemplo:** Comunidades que crean soluciones sostenibles, como sistemas comunitarios de gestión de residuos o proyectos de energías renovables.
- **Impacto:** Estos proyectos han contribuido a reducir la dependencia de los combustibles fósiles y a promover una gestión más eficiente de los residuos.

Acciones colectivas contra grandes empresas

- **Ejemplo: se** han creado movimientos ciudadanos para responsabilizar a las grandes empresas de la contaminación y los daños medioambientales.
- **Resultados:** A menudo, estas acciones han dado lugar a cambios en las prácticas de las empresas, indemnizaciones por los daños causados y una mayor concienciación sobre el impacto medioambiental de las actividades industriales.

Estos ejemplos demuestran que la acción colectiva puede tener un impacto considerable en la mejora del medio ambiente y la salud pública. Subrayan la importancia del compromiso cívico y la participación comunitaria a la hora de abordar los problemas medioambientales.

Estrategias para una participación eficaz

Para que la participación en iniciativas medioambientales o de salud pública sea eficaz, es crucial adoptar estrategias que fomenten el compromiso, la colaboración y la acción. He aquí algunas estrategias clave para una participación eficaz:

Sensibilización y educación
- **Información accesible: facilitar** información clara y accesible sobre cuestiones medioambientales y sanitarias, y sobre cómo pueden contribuir los particulares.
- **Programas educativos:** organización de talleres, seminarios y campañas educativas en escuelas, universidades y comunidades para concienciar y educar.

Fomentar la participación de la comunidad
- **Grupos locales:** Apoyar la formación de grupos o comités locales que puedan actuar sobre cuestiones específicas de su comunidad.
- **Proyectos participativos:** Fomentar la participación en proyectos comunitarios como limpieza de barrios, plantación de árboles o iniciativas de reciclaje.

Plataformas de colaboración
- **Foros en línea:** uso de plataformas en línea para poner en contacto a la gente, compartir ideas y recursos y coordinar acciones.
- **Redes sociales:** utilizar los medios sociales para concienciar, compartir historias de éxito y movilizar a la gente en torno a iniciativas medioambientales.

Participación en la toma de decisiones
- **Consultas públicas:** dar a los ciudadanos la oportunidad de participar en consultas públicas sobre políticas medioambientales y sanitarias.
- **Grupos de trabajo:** Incluir a representantes de la comunidad en grupos de trabajo o comités consultivos sobre cuestiones medioambientales y sanitarias.

Voluntariado y oportunidades de acción
- **Programas de voluntariado:** crear oportunidades de voluntariado para que las personas se impliquen activamente en proyectos medioambientales o de salud pública.
- **Días de acción:** organice días dedicados a acciones específicas, como jornadas de limpieza o campañas de detección del cáncer.

Reconocimiento e incentivos

- **Recompensas y reconocimiento:** Reconocer y recompensar las contribuciones individuales o colectivas para fomentar la participación continua.
- **Incentivos:** Ofrecer incentivos, como reducciones fiscales o subvenciones, para fomentar las prácticas sostenibles en las empresas y los hogares.

Asociaciones y colaboración

- **Colaboración intersectorial:** creación de asociaciones entre gobiernos, ONG, empresas y grupos comunitarios para abordar los problemas de forma holística.
- **Proyectos con múltiples partes interesadas: implicar a** varias partes interesadas en el desarrollo y la ejecución de proyectos medioambientales o sanitarios.

Al adoptar estas estrategias, las organizaciones y las comunidades pueden fomentar una participación activa y significativa, que es esencial para abordar eficazmente los retos medioambientales y de salud pública. La participación efectiva requiere un compromiso permanente, transparencia y una comunicación abierta para garantizar que las acciones sean integradoras y eficaces.

Capítulo 20

ANÁLISIS ECONÓMICO CONTAMINACIÓN Y CÁNCER

Coste económico del cáncer y la contaminación

El coste económico del cáncer y la contaminación es considerable y polifacético, y afecta no sólo a los sistemas sanitarios sino también a la economía mundial por la pérdida de productividad, el gasto sanitario y el impacto medioambiental. He aquí un análisis de estos costes:

Costes sanitarios directos
- **Tratamiento médico: el** coste del tratamiento del cáncer, que incluye cirugía, quimioterapia, radioterapia y fármacos, representa una parte importante del gasto sanitario.
- **Cuidados de larga duración:** los pacientes con cáncer pueden necesitar cuidados de larga duración, lo que aumenta los costes para los sistemas sanitarios y las aseguradoras.

Costes indirectos relacionados con la pérdida de productividad
- **Incapacidad laboral: los** pacientes de cáncer pueden ser incapaces de trabajar durante su tratamiento y convalecencia, lo que reduce la productividad y los ingresos.
- **Cuidados informales: Los** familiares que cuidan de pacientes con cáncer pueden tener que reducir su jornada laboral o dejar su trabajo.

Costes asociados a la contaminación
- **Gastos de salud pública:** la contaminación del aire, el agua y el suelo conlleva un aumento de los gastos de salud pública debido al incremento de las enfermedades respiratorias, cardiovasculares y oncológicas.
- **Descontaminación y limpieza:** Los costes de descontaminación de los lugares contaminados y de gestión de los residuos tóxicos también son importantes.

Impacto en la calidad de vida
- **Deterioro de la calidad de vida:** además de los costes financieros, el cáncer y la contaminación tienen un impacto negativo en la calidad de vida de los pacientes y las comunidades afectadas.

Costes para los empresarios
- **Absentismo y presentismo: Los** empresarios incurren en costes relacionados con el absentismo de los empleados enfermos y el presentismo (empleados que trabajan estando enfermos, con una productividad reducida).

Costes medioambientales

* **Pérdida de biodiversidad:** La contaminación puede provocar la pérdida de biodiversidad, lo que tiene un coste económico, sobre todo en las industrias que dependen de los ecosistemas naturales, como la pesca y el turismo.
* **Cambio climático:** los efectos del cambio climático, exacerbados por la contaminación, están provocando costes adicionales en términos de catástrofes naturales, cambios en las prácticas agrícolas y gestión de los recursos hídricos.

Costes socioeconómicos

* **Desigualdades:** el cáncer y la contaminación tienden a afectar de forma desproporcionada a las poblaciones con bajos ingresos, lo que agrava las desigualdades socioeconómicas.
* **Gasto público:** Los gobiernos deben destinar importantes recursos a la gestión de la salud pública, la regulación de la contaminación y las iniciativas de prevención.

En resumen, el cáncer y la contaminación tienen repercusiones económicas considerables que van más allá de los costes sanitarios inmediatos. Es necesario un planteamiento integrado que combine prevención, innovación tecnológica y políticas públicas para reducir estos costes y promover una sociedad más sana y sostenible.

Inversión en salud pública y Ecología

Las inversiones en salud pública y ecología son esenciales para crear sociedades más sanas, sostenibles y resilientes. Estas inversiones pueden adoptar muchas formas y tener efectos positivos a largo plazo. He aquí algunos ámbitos clave en los que estas inversiones son cruciales:

Infraestructuras de salud pública

* **Sistemas sanitarios:** invertir en infraestructuras sanitarias, como hospitales, clínicas y laboratorios, para mejorar el acceso a la atención y la capacidad de respuesta ante emergencias sanitarias.
* **Formación médica:** financiar la formación y el desarrollo de los profesionales sanitarios para garantizar una mano de obra cualificada y suficiente.

Investigación y desarrollo

- **Innovación médica:** Financiación de la investigación y el desarrollo en los campos médico y farmacéutico para descubrir nuevos tratamientos, vacunas y tecnologías sanitarias.
- **Investigación** ecológica: Invertir en investigación ecológica para comprender mejor y preservar los ecosistemas, la biodiversidad y los recursos naturales.

Prevención y educación sanitaria

- **Programas de prevención:** Financiación de programas de prevención de enfermedades, en particular campañas de vacunación, detección del cáncer y promoción de estilos de vida saludables.
- **Educación sanitaria:** Invertir en educación sanitaria para concienciar a la población sobre los problemas de salud y fomentar un comportamiento responsable.

Tecnologías ecológicas y sostenibles

- **Energías renovables:** Apoyar el desarrollo y la implantación de tecnologías de energías renovables para reducir la dependencia de los combustibles fósiles y recortar las emisiones de gases de efecto invernadero.
- **Infraestructuras sostenibles:** invertir en infraestructuras urbanas sostenibles, incluidos el transporte público, los edificios ecológicos y los sistemas de gestión de residuos.

Gestión de recursos naturales

- **Conservación del agua y el suelo:** Financiación de proyectos de conservación del agua y el suelo para preservar estos recursos esenciales y promover su uso sostenible.
- **Proteger la** biodiversidad: invertir en la protección de los hábitats naturales y las especies amenazadas para mantener la biodiversidad.

Políticas y normativas

- **Legislación medioambiental y sanitaria:** apoyo a la elaboración y aplicación de políticas y normativas para proteger la salud pública y el medio ambiente.
- **Normas e incentivos:** Establecer normas medioambientales y sanitarias y ofrecer incentivos para fomentar prácticas sostenibles en el sector privado.

Salud mundial y cooperación internacional

- **Ayuda internacional:** Contribuir a iniciativas sanitarias mundiales, especialmente en países de renta baja, para combatir enfermedades transfronterizas y mejorar las condiciones sanitarias mundiales.

- **Asociaciones globales:** colaboración con organizaciones internacionales y ONG para promover la salud y la sostenibilidad a escala mundial.

Estas inversiones requieren un enfoque coordinado en el que participen los gobiernos, el sector privado, las organizaciones no gubernamentales y la sociedad civil. Asignando los recursos adecuados a la salud pública y la ecología, las sociedades no sólo pueden mejorar la calidad de vida de sus ciudadanos, sino también garantizar un futuro sostenible para las generaciones venideras.

Modelos de negocio
para el Desarrollo Sostenible

Los modelos económicos de desarrollo sostenible tratan de equilibrar el crecimiento económico con la protección del medio ambiente y el bienestar social. Estos modelos pretenden crear valor de forma sostenible, teniendo en cuenta las repercusiones medioambientales y sociales. He aquí algunos modelos económicos clave que promueven el desarrollo sostenible:

Economía circular
- **Reutilizar y reciclar:** aprovechar al máximo los recursos reutilizando, reparando y reciclando productos para reducir los residuos.
- **Diseño sostenible:** diseñar productos de modo que puedan desmontarse y reciclarse fácilmente, alargando así su ciclo de vida.

Economía verde
- **Inversión en tecnologías verdes:** Dirigir la inversión hacia tecnologías e industrias que reduzcan el impacto medioambiental, como las energías renovables y la eficiencia energética.
- **Crear empleos verdes:** desarrollar el mercado laboral en sectores que contribuyan a la protección del medio ambiente.

Responsabilidad social de las empresas (RSE)

- **Prácticas empresariales éticas:** Integrar la responsabilidad social y medioambiental en las prácticas empresariales, yendo más allá del cumplimiento legal.
- **Implicación en la comunidad:** Contribuir al desarrollo económico y social de las comunidades en las que operan nuestras empresas.

Inversión socialmente responsable (ISR)

- **Criterios ASG:** Invierta en empresas que respeten criterios medioambientales, sociales y de gobernanza (ASG).
- **Fondos de desarrollo sostenible:** Crear fondos específicos para invertir en proyectos y empresas que promuevan el desarrollo sostenible.

Economía azul

- **Gestión sostenible de los recursos acuáticos:** explotación sostenible de los océanos, mares y vías navegables para la pesca, el turismo y el transporte, protegiendo al mismo tiempo los ecosistemas acuáticos.
- **Innovación en tecnologías marinas:** desarrollo de tecnologías innovadoras para la explotación sostenible de los recursos marinos.

Agricultura y alimentación sostenibles

- **Agricultura ecológica y de precisión:** agricultura que minimiza el impacto ambiental y maximiza la eficiencia de los recursos.
- **Sistemas alimentarios locales:** Fomento de sistemas alimentarios locales y sostenibles para reducir la huella de carbono de los productos alimentarios.

Modelos de consumo sostenible

- **Consumo responsable:** animar a los consumidores a optar por productos y servicios sostenibles y a reducir su consumo global.
- **Alquilar y compartir:** Fomentar modelos económicos basados en compartir y alquilar en lugar de poseer, reduciendo así el consumo de recursos.

Estos modelos económicos demuestran que el desarrollo sostenible puede integrarse en diversos sectores económicos. Para que tengan éxito, requieren una estrecha colaboración entre gobiernos, empresas, consumidores y otros agentes de la sociedad. Adoptando estos modelos es posible promover un crecimiento económico que respete el medio ambiente y mejore el bienestar social.

Capítulo 21

EL PAPEL DE LA EDUCACIÓN Y FORMACIÓN

Integración de la salud medioambiental en Programas educativos

Integrar la salud ambiental en los programas educativos es crucial para desarrollar una conciencia y una comprensión más profundas de los vínculos entre el medio ambiente, la salud humana y el bienestar. He aquí algunas estrategias clave para que la integración tenga éxito:

Curriculum vitae
- **Contenidos educativos:** Integración de temas de salud ambiental en los planes de estudios de distintos niveles, como biología, química, geografía y ciencias sociales.
- **Enfoque interdisciplinar:** Utilizar un enfoque interdisciplinar para enseñar cómo afectan a la salud humana cuestiones medioambientales como la contaminación, el cambio climático y la biodiversidad.

Actividades prácticas y proyectos
- **Trabajo de campo:** organización de excursiones educativas para observar las repercusiones medioambientales sobre la salud en la comunidad local.
- **Proyectos de investigación:** Anime a los estudiantes a realizar proyectos de investigación sobre temas relacionados con la salud medioambiental.

Sensibilización y campañas
- **Días temáticos:** Celebre días mundiales como el Día de la Tierra o el Día Mundial de la Salud para concienciar sobre cuestiones concretas de salud medioambiental.
- **Campañas de concienciación:** organizar campañas en colegios y universidades para fomentar comportamientos saludables y respetuosos con el medio ambiente.

Formación de profesores y formadores
- **Desarrollo profesional:** Ofrecer formación y talleres a los profesores sobre salud ambiental para que puedan integrar eficazmente esta materia en su enseñanza.
- **Recursos educativos:** proporcionar a los profesores recursos educativos y material didáctico sobre salud ambiental.

Trabajar con expertos e instituciones
- **Asociaciones:** Establecer asociaciones con universidades, organismos de investigación y ONG para enriquecer los programas educativos con conocimientos y experiencia de expertos.

- **Oradores invitados:** Invite a profesionales de la salud, científicos y activistas medioambientales a hablar a los alumnos.

Uso de las tecnologías educativas

- **Herramientas digitales:** Uso de herramientas digitales y plataformas en línea para enseñar conceptos de salud ambiental de forma interactiva.
- **Juegos educativos:** Desarrollar juegos y simulaciones para ayudar a los estudiantes a comprender las complejas repercusiones de la contaminación y otros factores medioambientales en la salud.

Educación inclusiva y global

- **Perspectivas globales:** Incluir estudios de casos y ejemplos de diversas regiones del mundo para mostrar el impacto global e interconectado de la salud medioambiental.
- **Educación para todos:** Garantizar que la educación en salud ambiental sea accesible a todos los estudiantes, independientemente de su origen socioeconómico.

Integrando la salud ambiental en la educación, los alumnos pueden adquirir los conocimientos, aptitudes y actitudes que necesitan para convertirse en ciudadanos responsables e informados, capaces de tomar decisiones fundamentadas sobre su salud y el medio ambiente.

Formación profesional
y concienciación sobre riesgos

La formación profesional y la concienciación sobre los riesgos son esenciales para preparar a las personas a identificar, comprender y gestionar eficazmente los riesgos, sobre todo en contextos en los que están en juego la salud, la seguridad y el medio ambiente. He aquí algunas estrategias clave para una formación y sensibilización eficaces:

Programas de formación sectoriales

- **Formación a medida:** ofrecer programas de formación específicos para distintos sectores, como la industria, la sanidad, la construcción y la agricultura, para abordar los riesgos pertinentes en cada ámbito.

- **Formación práctica:** Incluir componentes prácticos en la formación, como simulaciones y ejercicios sobre el terreno, para preparar mejor a los participantes a enfrentarse a situaciones de la vida real.

Concienciación y prevención de riesgos

- **Formación sobre riesgos:** educar a los empleados sobre los tipos de riesgos a los que podrían estar expuestos, incluidos los riesgos físicos, químicos, biológicos y medioambientales.
- **Prevención de accidentes:** Enseñar estrategias de prevención de accidentes y buenas prácticas para minimizar los riesgos.

Uso de las tecnologías educativas

- **Herramientas digitales:** uso de tecnologías educativas como la realidad virtual y el aprendizaje electrónico para ofrecer una experiencia de aprendizaje inmersiva e interactiva.
- **Plataformas en línea:** ofrecer formación en línea para hacer más accesible el aprendizaje sobre salud y seguridad medioambientales.

Formación continua y actualizaciones

- **Formación continua: garantizar que la** formación es continua y se actualiza periódicamente para reflejar las últimas normas, tecnologías y métodos.
- **Cursos de reciclaje:** organice cursos de reciclaje para mantener a los empleados al día de las mejores prácticas y de la evolución de la normativa.

Sensibilización sobre la cultura de la seguridad

- **Cultura de la seguridad:** fomentar el desarrollo de una cultura de la seguridad en las organizaciones, en la que la salud y la seguridad estén integradas en todas las actividades.
- **Compromiso de la dirección:** Implique a la dirección en la formación para demostrar el compromiso de la empresa con la salud y la seguridad.

Trabajar con expertos

- **Partes interesadas externas:** reunir a expertos en salud y seguridad, reguladores y profesionales del sector para compartir conocimientos y experiencias.
- **Asociaciones con instituciones:** colaboración con universidades, institutos de investigación y organizaciones profesionales para mejorar el contenido de la formación.

Evaluaciones y comentarios
- **Evaluaciones de riesgos:** formación de los empleados para llevar a cabo evaluaciones de riesgos y desarrollar planes de gestión de riesgos.
- **Retroalimentación y mejora:** Recopilación de comentarios sobre los cursos de formación para mejorarlos y adaptarlos a las necesidades de los participantes.

La formación profesional y la concienciación sobre los riesgos son fundamentales para garantizar la seguridad y el bienestar de los empleados y promover prácticas laborales sostenibles y respetuosas con el medio ambiente. Un enfoque proactivo y bien informado es esencial para una gestión eficaz de los riesgos en todos los sectores empresariales.

Desarrollo de competencias para la prevención y la gestión

El desarrollo de competencias en materia de prevención y gestión de riesgos medioambientales y sanitarios es crucial en el contexto actual de crecientes retos relacionados con el cambio climático, la contaminación y la salud pública.
He aquí algunas estrategias clave para desarrollar estas habilidades:

Sensibilización y educación
- **Formación básica:** Proporcionar formación básica sobre los riesgos medioambientales y sanitarios, incluida la comprensión de las causas, las repercusiones y los métodos de prevención.
- **Programas educativos especializados:** integrar estas materias en los programas educativos de todos los niveles, desde la escuela primaria hasta la universidad.

Habilidades de evaluación de riesgos
- **Análisis de riesgos: formar** a las personas para que evalúen sistemáticamente los riesgos para la salud y el medio ambiente utilizando métodos científicos y estadísticos.
- **Identificación de factores de riesgo:** Aprenda a identificar posibles factores de riesgo en distintos

entornos, como lugares de trabajo, comunidades y ecosistemas naturales.

Formación en gestión de riesgos

- **Planificación de la** gestión de riesgos: Desarrollo de las capacidades necesarias para crear y aplicar planes eficaces de gestión de riesgos.
- **Gestión de crisis:** Formación en gestión de crisis para aprender a reaccionar eficazmente en caso de emergencia medioambiental o sanitaria.

Capacidad de comunicación

- **Comunicación eficaz:** aprender a comunicar claramente los riesgos y las medidas preventivas al público, las partes interesadas y los equipos.
- **Sensibilización de la población:** desarrollo de capacidades para sensibilizar a la población sobre los riesgos medioambientales y sanitarios y la importancia de la prevención.

Formación en liderazgo y toma de decisiones

- **Toma de decisiones informada:** reforzar la capacidad de decisión basada en pruebas científicas y análisis de riesgos.
- **Liderazgo en seguridad:** Cultivar la capacidad de liderazgo para guiar a los equipos y las comunidades en la aplicación de prácticas seguras y sostenibles.

Uso de la tecnología

- **Tecnologías de vigilancia:** Formación en el uso de tecnologías modernas para vigilar y analizar los riesgos medioambientales y sanitarios.
- **Herramientas** digitales: Utilización de herramientas digitales para la recopilación de datos, el análisis de riesgos y la difusión de información.

Aprendizaje continuo y adaptabilidad

- **Actualización de conocimientos:** fomentar el aprendizaje continuo para mantenerse al día de las últimas investigaciones, tendencias e innovaciones en salud ambiental.
- **Adaptabilidad:** Desarrollar la capacidad de adaptación para responder eficazmente a nuevos retos y escenarios de riesgo.

El desarrollo de estas capacidades es esencial para los profesionales, los responsables de la toma de decisiones, los educadores y el público en general. Reforzando las capacidades individuales y colectivas es posible prevenir y gestionar mejor los riesgos medioambientales y sanitarios, contribuyendo así a que las comunidades sean más seguras y resilientes.

Capítulo 22

TECNOLOGÍAS EMERGENTES Y SU POTENCIAL

Biotecnología y nanotecnología en la lucha contra el cáncer

La biotecnología y la nanotecnología están desempeñando un papel revolucionario en la lucha contra el cáncer, ofreciendo enfoques innovadores para el diagnóstico, el tratamiento y la prevención de esta enfermedad. Estas tecnologías pueden mejorar considerablemente la eficacia de los tratamientos contra el cáncer y reducir sus efectos secundarios. Los principales ámbitos de aplicación son

Biotecnología en el tratamiento del cáncer
- **Terapias dirigidas:** La biotecnología ha permitido desarrollar terapias dirigidas que atacan específicamente las células cancerosas sin dañar el tejido sano, reduciendo así los efectos secundarios.
- **Inmunoterapia:** técnicas innovadoras que estimulan o restauran la capacidad del sistema inmunitario para combatir el cáncer, incluido el uso de anticuerpos monoclonales y células T modificadas.

Nanotecnología en la lucha contra el cáncer
- **Administración de fármacos:** Las nanopartículas pueden utilizarse para dirigir y administrar fármacos contra el cáncer directamente a las células tumorales, aumentando la eficacia del tratamiento y minimizando la exposición del tejido sano.
- **Diagnóstico e imagen:** las nanotecnologías están mejorando las técnicas de imagen y diagnóstico, permitiendo una detección más precoz y precisa de los cánceres.

Investigación y desarrollo
- **Descubrimiento de fármacos:** La biotecnología facilita el descubrimiento y desarrollo de nuevos fármacos contra el cáncer mediante métodos como el cribado de alto rendimiento y la genómica.
- **Estudios de toxicidad y efectos secundarios:** las tecnologías nanotecnológicas están ayudando a estudiar en detalle la toxicidad y los posibles efectos secundarios de los tratamientos contra el cáncer.

Terapia génica y celular
- **Modificación genética:** las terapias génicas que implican la modificación del ADN de las células cancerosas o de las

células inmunitarias del propio paciente ofrecen nuevas posibilidades para tratar el cáncer.

- **Terapias celulares:** técnicas avanzadas que utilizan células modificadas o tratadas en el laboratorio para atacar y destruir las células cancerosas.

Personalización de los tratamientos

- **Medicina personalizada:** uso de datos genéticos y moleculares para desarrollar tratamientos personalizados basados en las características específicas del cáncer de cada individuo.
- **Biomarcadores:** Desarrollo de biomarcadores para la evaluación precisa de la respuesta al tratamiento y el seguimiento del cáncer.

Colaboración interdisciplinar

- **Colaboración interdisciplinar: combinar la** biotecnología y la nanotecnología con otros campos, como la informática y la ingeniería, para crear enfoques integrados en la lucha contra el cáncer.

La integración de la biotecnología y la nanotecnología en la lucha contra el cáncer es un campo prometedor y en rápida evolución. Estas tecnologías aportan nuevas perspectivas a la comprensión y el tratamiento del cáncer, allanando el camino hacia terapias más eficaces y menos invasivas.

Tecnologías de reducción de la contaminación

Las tecnologías de reducción de la contaminación desempeñan un papel crucial en la lucha contra la contaminación ambiental y la protección de la salud pública. Se están desplegando diversas innovaciones y desarrollos técnicos para hacer frente a distintos tipos de contaminación. He aquí algunas de estas tecnologías:

Para reducir la contaminación atmosférica

- **Filtros de partículas:** se utilizan en la industria y los vehículos para atrapar las partículas finas e impedir que se emitan a la atmósfera.
- **Depuradores:** instalaciones industriales que eliminan los contaminantes gaseosos, como el dióxido de azufre, de los gases de escape.

- **Catalizadores:** Convierten los gases de escape nocivos de los vehículos, como el monóxido de carbono, en gases menos contaminantes.

Tecnologías de calidad del agua

- **Sistemas de tratamiento de aguas residuales:** Tecnologías avanzadas para tratar las aguas residuales antes de verterlas a los cursos de agua, eliminando el exceso de contaminantes y nutrientes.
- **Filtración y desinfección:** Uso de filtros de arena, carbón activado y métodos de desinfección como la ozonización y los rayos ultravioleta para purificar el agua.

Gestión de residuos sólidos

- **Reciclaje y compostaje:** tecnologías para clasificar, tratar y reciclar residuos, reduciendo así la cantidad de residuos enviados a los vertederos.
- **Incineración con recuperación de energía:** Quema de residuos para producir energía al tiempo que se reduce el volumen de residuos.

Reducción del ruido

- **Materiales fonoabsorbentes:** uso de materiales especiales en la construcción para absorber el ruido y reducir la contaminación acústica.
- **Zonas tranquilas:** Creación de zonas urbanas donde se limita o prohíbe el tráfico para reducir el ruido.

Tecnologías ecológicas en la construcción

- **Edificios ecológicos:** diseño y construcción de edificios que consuman menos energía, agua y materiales, reduciendo así su impacto ambiental.
- **Tejados y muros verdes:** utilizar la vegetación en los edificios para mejorar el aislamiento, absorber CO_2 y filtrar contaminantes.

Energías renovables

- **Sistemas de energía solar y eólica:** Despliegue de tecnologías para captar energía del sol y el viento, reduciendo la dependencia de combustibles fósiles contaminantes.
- **Biocarburantes:** Producción de combustibles a partir de fuentes biológicas, considerados más limpios y sostenibles que los combustibles fósiles.

Vehículos eléctricos e híbridos

- **Reducción de las emisiones de gases de escape:** Adopción de vehículos eléctricos e híbridos para reducir las emisiones de gases de efecto invernadero y contaminantes atmosféricos.

Combinando estas tecnologías con políticas medioambientales eficaces y una mayor concienciación, es posible reducir significativamente la contaminación en sus diversas formas, contribuyendo así a un medio ambiente más sano y sostenible.

Innovaciones en vigilancia medioambiental

Las innovaciones en la vigilancia del medio ambiente son esenciales para detectar, analizar y responder eficazmente a los problemas medioambientales. Los avances tecnológicos han permitido desarrollar nuevas herramientas y métodos para vigilar el estado de nuestro medio ambiente con mayor precisión y en tiempo real. He aquí algunas de estas innovaciones:

Sensores y redes de vigilancia
- **Sensores medioambientales: los** sensores avanzados pueden medir diversos parámetros medioambientales, como la calidad del aire, la contaminación del agua, los niveles de ruido y la radiación.
- **Redes de vigilancia: las** redes de sensores a gran escala proporcionan datos en tiempo real sobre el estado del medio ambiente.

Imágenes por satélite y teledetección
- **Satélites medioambientales:** los satélites equipados con sensores especializados pueden vigilar vastas zonas para detectar fenómenos como la deforestación, la evolución de los glaciares o la contaminación atmosférica.
- **Análisis de datos de teledetección:** uso de técnicas de teledetección para analizar datos de satélite y proporcionar información sobre los cambios medioambientales a escala mundial.

Drones y vehículos aéreos no tripulados (UAV)
- **Drones para vigilancia: los** drones se utilizan para recoger datos en zonas de difícil acceso, para vigilar la calidad del agua, la salud de los bosques y detectar contaminantes.
- **Flexibilidad y accesibilidad:** los drones ofrecen un método flexible y menos costoso de recopilar datos medioambientales precisos.

Inteligencia artificial (IA) y análisis de datos
- **Procesamiento de grandes cantidades de datos: La** IA y el aprendizaje automático pueden utilizarse para analizar grandes cantidades de datos medioambientales con el fin de identificar tendencias y patrones.
- **Predicción y modelización:** uso de la IA para modelizar y predecir fenómenos medioambientales, como episodios de contaminación atmosférica y cambio climático.

Redes de ciudadanos científicos
- **Participación pública:** las aplicaciones y plataformas en línea permiten a los ciudadanos contribuir a la vigilancia del medio ambiente compartiendo observaciones y mediciones.
- **Refuerzo de la vigilancia comunitaria:** estas redes proporcionan una vigilancia de referencia más amplia e implican al público en la protección del medio ambiente.

Biotecnología
- **Biomonitorización:** uso de bioindicadores, como plantas o microorganismos, para controlar los cambios en el medio ambiente o la presencia de contaminantes.
- **Biosensores:** Desarrollo de biosensores sensibles a determinados tipos de contaminantes o condiciones ambientales.

Conectividad e integración de datos
- **Sistemas integrados:** integración de distintas fuentes de datos para obtener una imagen completa del estado del medio ambiente.
- **Plataformas accesibles:** Desarrollo de plataformas en las que los datos medioambientales sean fácilmente accesibles para los investigadores, los responsables de la toma de decisiones y el público.

Estas innovaciones mejoran nuestra capacidad de controlar, comprender y responder a los retos medioambientales. Son cruciales para una gestión medioambiental eficaz y una toma de decisiones informada en la lucha contra la contaminación y el cambio climático.

Capítulo 23

155

ASPECTOS JURÍDICOS Y REGLAMENTARIOS

Legislación internacional y nacional

La legislación internacional y nacional desempeña un papel crucial en la gestión y protección del medio ambiente y la promoción de la salud pública. Estas leyes y normativas proporcionan el marco necesario para abordar los retos medioambientales y sanitarios a escala mundial y local. He aquí algunos aspectos clave de la legislación internacional y nacional:

Legislación internacional

- **Acuerdos y tratados medioambientales:** Acuerdos como el Acuerdo de París sobre el Clima, el Convenio sobre la Diversidad Biológica y el Protocolo de Montreal relativo a las sustancias que agotan la capa de ozono tienen como objetivo abordar los problemas medioambientales mundiales.
- **Normas y directivas internacionales:** organizaciones internacionales como la Organización Mundial de la Salud (OMS) y las Naciones Unidas (ONU) establecen normas y directivas para orientar las políticas medioambientales y sanitarias.

Legislación nacional

- **Leyes de protección del medio ambiente: Los** países adoptan leyes nacionales para regular las emisiones contaminantes, gestionar los residuos, proteger los recursos naturales y conservar la biodiversidad.
- **Normativa de salud** pública: **la** legislación nacional también incluye normativas sobre la calidad del agua potable, la gestión de sustancias tóxicas y la vigilancia de la salud pública.

Aplicación y cumplimiento

- **Cumplimiento: Los** gobiernos nacionales son responsables de hacer cumplir las leyes medioambientales y sanitarias a través de agencias reguladoras y programas de control.
- **Sanciones e incentivos: La** legislación suele prever sanciones por incumplimiento, así como incentivos para fomentar prácticas sostenibles y sólidas.

Participación e implicación de las partes interesadas

- **Consulta pública:** la legislación suele redactarse con la participación de las partes interesadas, incluidas ONG, empresas, expertos y el público en general.

- **Cooperación transfronteriza: los** problemas medioambientales transfronterizos requieren cooperación y coordinación legislativa entre países vecinos.

Adaptación y evolución de las leyes

- **Revisiones periódicas: La** legislación medioambiental y sanitaria debe revisarse periódicamente para adaptarse a los nuevos descubrimientos científicos, las innovaciones tecnológicas y los cambiantes retos medioambientales.
- **Legislación reactiva:** Capacidad de responder rápidamente a las emergencias medioambientales y sanitarias con las medidas legislativas adecuadas.

Armonización legislativa

- **Armonización con las normas internacionales: Los** países suelen esforzarse por armonizar su legislación nacional con los acuerdos y normas internacionales para garantizar la coherencia mundial.

Combinando esfuerzos a escala internacional y nacional, la legislación puede abordar eficazmente los retos medioambientales y sanitarios. Para ello es necesaria la cooperación permanente, la adaptación al cambio y la participación activa de todas las partes interesadas.

Derecho medioambiental y sanitario

El Derecho medioambiental y sanitario es una importante rama del Derecho que se centra en las leyes y normativas destinadas a proteger el medio ambiente y promover la salud pública. Abarca una amplia gama de ámbitos, como la calidad del aire y el agua, la gestión de residuos, la conservación de la biodiversidad y el control de sustancias químicas peligrosas. He aquí algunos aspectos clave del Derecho medioambiental y sanitario:

Legislación y normativa sobre calidad del aire

- **Emisiones contaminantes : La** normativa sobre calidad del aire pretende controlar las emisiones industriales, las emisiones de los vehículos y otras fuentes de contaminación atmosférica.
- **Normas de calidad del aire: se** establecen normas para los principales contaminantes atmosféricos, como el

dióxido de azufre, los óxidos de nitrógeno y las partículas finas.

Gestión del agua y de su calidad

- **Aguas superficiales y subterráneas: las** leyes regulan la contaminación de las aguas superficiales y subterráneas, y establecen normas para la calidad del agua potable.
- **Gestión de aguas residuales:** normativa sobre el tratamiento y vertido de aguas residuales industriales y municipales para proteger los ecosistemas acuáticos.

Gestión de residuos y sustancias tóxicas

- **Eliminación de residuos:** La legislación regula la recogida, tratamiento y eliminación de residuos sólidos, incluidos los peligrosos.
- **Control de sustancias químicas:** normativa sobre el uso, almacenamiento y transporte de sustancias químicas peligrosas para evitar exposiciones nocivas.

Conservación de la biodiversidad

- **Protección de especies y hábitats:** leyes destinadas a proteger las especies amenazadas y sus hábitats, así como a regular el uso de los recursos naturales.
- **Acuerdos internacionales:** Participación en acuerdos internacionales como la Convención sobre el Comercio Internacional de Especies Amenazadas de Fauna y Flora Silvestres (CITES).

Salud pública y seguridad alimentaria

- **Normas de salud pública:** Normativa relativa a la salud pública, incluida la prevención de enfermedades, las normas de seguridad alimentaria y la gestión de crisis sanitarias.
- **Control de productos alimenticios** y **farmacéuticos:** leyes que regulan la seguridad y calidad de los productos alimenticios y farmacéuticos.

Derecho medioambiental internacional

- **Acuerdos medioambientales mundiales:** Participación en acuerdos internacionales y aplicación de los mismos, como el Acuerdo de París sobre el cambio climático y el Convenio sobre la Diversidad Biológica.
- **Cooperación transfronteriza:** Gestión de problemas medioambientales que traspasan las fronteras nacionales, como la contaminación atmosférica transfronteriza y la gestión de recursos hídricos compartidos.

Participación ciudadana y acceso a la información
*   **Derechos de los ciudadanos:** Leyes que garanticen el derecho de los ciudadanos a la información medioambiental, la participación pública en los procesos de toma de decisiones medioambientales y el acceso a la justicia en asuntos medioambientales.

La legislación medioambiental y sanitaria es esencial para garantizar el equilibrio entre el desarrollo económico y la protección del medio ambiente y la salud pública. Requiere coordinación entre la legislación nacional e internacional, así como una aplicación y cumplimiento efectivos.

Casos judiciales y precedentes históricos

En el ámbito del Derecho medioambiental y sanitario, una serie de casos judiciales han tenido una repercusión significativa y han sentado importantes precedentes. Estos casos han influido a menudo en la política, han reforzado la legislación y han sensibilizado sobre cuestiones críticas. He aquí algunos ejemplos notables:

Contaminación industrial
*   **Caso Love Canal:** en la década de 1970 en Estados Unidos, este caso puso de manifiesto los peligros de la contaminación industrial cuando sustancias químicas tóxicas enterradas empezaron a filtrarse en una zona residencial, causando graves problemas de salud. Esto llevó a la creación del Superfondo, una ley federal para limpiar los lugares contaminados.

Litigios sobre el cambio climático
*   **Urgenda contra Países Bajos:** En 2019, el Tribunal Supremo holandés dictaminó que el gobierno holandés debe tomar medidas más ambiciosas para reducir las emisiones de gases de efecto invernadero, sentando un precedente sobre la responsabilidad gubernamental en materia de cambio climático.

Acciones legales contra las empresas contaminantes
*   **Juicio contra Chevron en Ecuador:** Un caso en el que Chevron fue condenada a pagar miles de millones de dólares por la contaminación medioambiental en la Amazonia ecuatoriana. Aunque controvertido y

complicado por cuestiones jurídicas internacionales, el caso llamó la atención sobre la responsabilidad de las empresas por la contaminación.

Derechos de las comunidades indígenas

- **Caso de Ogoniland en Nigeria:** las comunidades ogoni han emprendido acciones legales contra Shell por los daños medioambientales y sanitarios causados por la extracción de petróleo, poniendo de relieve los derechos de las comunidades indígenas y las responsabilidades de las multinacionales.

Derecho a un medio ambiente sano

- **T.C. (M.C. Mehta) contra Unión de la India:** El Tribunal Supremo de la India ha desempeñado un papel clave en la promoción del derecho a un medio ambiente sano, en particular imponiendo estrictas normas a las industrias contaminantes.

Legislación sobre el amianto

- **El amianto en Europa y Norteamérica: las** acciones judiciales contra los fabricantes de amianto han dado lugar a importantes cambios en la normativa sobre el amianto, al reconocerse sus graves peligros para la salud.

Protección de especies amenazadas

- **Casos relativos a la Ley de Especies Amenazadas en Estados Unidos:** Varios casos han reforzado esta ley, que protege a las especies amenazadas y sus hábitats, influyendo en la gestión del territorio y la normativa medioambiental.

Estos casos ilustran cómo puede utilizarse la ley para abordar problemas medioambientales y de salud pública, proporcionando a veces el único recurso a las comunidades afectadas y actuando como una poderosa palanca para el cambio político y social. También ponen de relieve la complejidad de las cuestiones medioambientales y la necesidad de un planteamiento equilibrado entre el desarrollo económico y la protección del medio ambiente y la salud pública.

Capítulo 24

SALUD MUNDIAL Y CUESTIONES INTERNACIONALES

Contaminación y cáncer en un contexto mundial

La relación entre contaminación y cáncer en un contexto global es motivo de gran preocupación debido al importante impacto de la contaminación sobre la salud pública en todo el mundo. He aquí un análisis de esta relación:

Impacto mundial de la contaminación
- **Contaminación atmosférica:** Reconocida como uno de los principales carcinógenos, la contaminación atmosférica, especialmente las partículas finas y contaminantes como el benceno, se asocia a un mayor riesgo de cáncer, sobre todo de pulmón.
- **Contaminación del agua: la** contaminación de las fuentes de agua por productos químicos industriales, pesticidas y metales pesados también puede contribuir a la incidencia de diversos tipos de cáncer.

Disparidades geográficas y socioeconómicas
- **Regiones de alto riesgo:** algunas regiones, sobre todo en los países en desarrollo donde la normativa medioambiental es débil, están más expuestas a contaminantes cancerígenos.
- **Desigualdades sanitarias:** las poblaciones de renta baja suelen estar más expuestas a la contaminación y tienen un acceso limitado a la asistencia sanitaria, lo que agrava las desigualdades sanitarias.

Factores coadyuvantes
- **Industrialización y urbanización:** La aceleración de la industrialización y la urbanización, sobre todo en los países en desarrollo, ha provocado un aumento de la contaminación del aire y el agua.
- **Gestión de residuos: La** gestión inadecuada de los residuos industriales, químicos y domésticos contribuye a la contaminación ambiental.

Investigación y estudios científicos
- **Estudios epidemiológicos:** Numerosos estudios epidemiológicos han establecido vínculos entre la exposición a diversos contaminantes y un mayor riesgo de cáncer.
- **Investigación de los mecanismos:** La investigación sigue explorando los mecanismos por los que los contaminantes

causan daños a nivel celular y genético que conducen al cáncer.

Acciones y políticas globales

- **Acuerdos internacionales: Los** esfuerzos mundiales, como el Acuerdo de París sobre el Clima, pretenden reducir las emisiones de gases de efecto invernadero y otros contaminantes.
- **Iniciativas de salud pública: los** programas de salud pública tienen como objetivo vigilar y reducir la exposición a los contaminantes, así como mejorar el acceso a la asistencia sanitaria.

Sensibilización y educación

- **Concienciación** pública: **la** sensibilización sobre los riesgos sanitarios de la contaminación es crucial para fomentar cambios de comportamiento y apoyar las políticas de salud pública.
- **Educación y formación: la** educación sobre los riesgos medioambientales y la prevención del cáncer es esencial, sobre todo en las regiones más afectadas.

Cooperación y ayuda internacionales

- **Ayuda a los países en desarrollo:** La cooperación internacional y la ayuda a los países en desarrollo son necesarias para mejorar la gestión medioambiental y los sistemas sanitarios.

La contaminación y el cáncer en el contexto mundial representan un reto complejo que requiere un planteamiento multisectorial en el que intervengan la salud pública, el medio ambiente, la legislación y la cooperación internacional. Centrarse en la prevención, la investigación y una mejor reglamentación puede contribuir significativamente a reducir la carga mundial del cáncer relacionado con la contaminación.

Esfuerzos internacionales y cooperación transfronteriza

Los esfuerzos internacionales y la cooperación transfronteriza son esenciales para gestionar eficazmente los retos medioambientales y de salud pública que no conocen fronteras. Estos retos globales, como el cambio climático, la contaminación y la propagación de enfermedades, requieren una respuesta internacional coordinada. He aquí algunos ámbitos clave en los que esta cooperación es crucial:

Cambio climático
- **Acuerdos internacionales:** El Acuerdo de París es un importante ejemplo de cooperación internacional destinada a limitar el calentamiento global reduciendo las emisiones de gases de efecto invernadero.
- **Intercambio de tecnología y conocimientos:** Cooperación en la investigación y el desarrollo de tecnologías con bajas emisiones de carbono e intercambio de buenas prácticas para mitigar el cambio climático.

Preservar la biodiversidad
- **Convenios internacionales:** el Convenio sobre la Diversidad Biológica y otros acuerdos pretenden proteger las especies y hábitats amenazados en todo el mundo.
- **Proyectos transfronterizos de conservación:** gestión conjunta de áreas protegidas y ecosistemas que se extienden más allá de las fronteras nacionales.

Gestión de la contaminación
- **Tratamiento de los contaminantes transfronterizos:** Acuerdos como el Convenio de Estocolmo sobre Contaminantes Orgánicos Persistentes abordan la gestión de las sustancias tóxicas que se desplazan a través de las fronteras.
- **Vigilancia y normas medioambientales:** cooperación en materia de vigilancia de la contaminación y elaboración de normas medioambientales internacionales.

Control de las enfermedades infecciosas
- **Vigilancia de enfermedades:** colaboración en la vigilancia y respuesta rápida a epidemias transfronterizas, como COVID-19.
- **Investigación y desarrollo de vacunas:** compartir recursos y conocimientos para desarrollar y distribuir vacunas.

Gestión de recursos naturales
- **Gestión de los recursos hídricos:** Cooperación en la gestión de las cuencas fluviales transfronterizas para garantizar un uso sostenible y equitativo del agua.
- **Conservación de los** bosques tropicales: iniciativas conjuntas para conservar los bosques tropicales, cruciales para la biodiversidad y el clima mundial.

Desarrollo sostenible

- **Objetivos de Desarrollo Sostenible (ODS): Las** Naciones Unidas establecieron los ODS para promover el desarrollo sostenible mundial, abordando cuestiones como la pobreza, el hambre, la salud, la educación, la igualdad de género, el agua potable, la energía y el cambio climático.
- **Ayuda y financiación internacionales :** Asistencia financiera y técnica a los países en desarrollo para ayudarles a alcanzar los ODM.

Formación e intercambio de conocimientos

- **Programas de formación:** intercambios educativos y programas de formación para compartir conocimientos y competencias en los ámbitos del medio ambiente y la salud pública.

- **Redes de investigación:** colaboración entre universidades e institutos de investigación para realizar estudios sobre cuestiones medioambientales y sanitarias de alcance mundial.

La cooperación internacional y transfronteriza es, por tanto, esencial si queremos hacer frente a los retos globales de forma eficaz y coordinada, aprovechando la diversidad de experiencias, recursos y conocimientos disponibles en todo el mundo.

Retos específicos de los países en desarrollo

Los países en desarrollo se enfrentan a retos específicos de gestión medioambiental y de salud pública, a menudo agravados por la escasez de recursos y las restricciones económicas. A continuación se analizan estos retos:

Infraestructura y recursos limitados

- **Acceso a la asistencia sanitaria: El** acceso limitado a servicios sanitarios de calidad dificulta la prevención y el tratamiento de enfermedades, incluidos los cánceres relacionados con la contaminación.

- **Infraestructuras de gestión de residuos:** a menudo inadecuadas, lo que provoca problemas de contaminación del agua y el aire.

Accrus Problemas medioambientales

- **Contaminación industrial y urbana: El** rápido crecimiento económico y la urbanización pueden provocar un aumento de la contaminación sin una normativa medioambiental adecuada.
- **Deforestación y pérdida de biodiversidad:** problemas importantes en muchos países en desarrollo, que afectan a los ecosistemas y contribuyen al cambio climático.

Retos económicos y sociales

- **Pobreza: La** pobreza generalizada limita la capacidad de gobiernos e individuos para invertir en soluciones sanitarias y medioambientales sostenibles.
- **Educación y concienciación:** Un menor nivel educativo puede limitar la concienciación sobre los problemas de salud ambiental y las prácticas de prevención.

Vulnerabilidad al cambio climático

- **Impacto del cambio climático: los** países en desarrollo suelen ser más vulnerables a los efectos del cambio climático, como los fenómenos meteorológicos extremos y la subida del nivel del mar.
- **Recursos para la adaptación:** Falta de recursos para aplicar estrategias de adaptación eficaces.

Dependencia de los recursos naturales

- **Economías basadas en los recursos:** fuerte dependencia de la agricultura, la pesca y la extracción de recursos, lo que hace que las economías y los medios de subsistencia sean vulnerables a los problemas medioambientales.
- **Gestión de recursos:** Desafíos en la gestión sostenible de los recursos naturales, agravados por la presión demográfica y económica.

Políticas y legislación

- **Marco normativo deficiente: las** políticas y normativas medioambientales y de salud pública suelen ser insuficientes o ineficaces.
- **Corrupción y gobernanza:** los problemas de corrupción y gobernanza pueden obstaculizar la aplicación de la legislación medioambiental y sanitaria.

Cooperación y ayuda internacionales

- **Necesidad de ayuda internacional:** Dependencia de la ayuda internacional y de la cooperación técnica para hacer frente a los problemas sanitarios y medioambientales.

- **Transferencia de tecnología:** Acceso limitado a tecnologías avanzadas de vigilancia medioambiental, tratamiento de enfermedades y gestión de recursos.

Los esfuerzos para superar estos retos requieren un enfoque integrado que combine el desarrollo económico, la protección del medio ambiente, la mejora de la salud pública y la educación. La cooperación internacional, la inversión en infraestructuras y tecnología y la capacitación local son esenciales para ayudar a los países en desarrollo a afrontar estos retos.

Capítulo 25

PERSPECTIVAS DE FUTURO E INNOVACIONES

Escenarios futuros sobre la base de las acciones actuales

Las acciones actuales en materia de gestión medioambiental, salud pública y políticas tienen un impacto significativo en los escenarios futuros. Dependiendo de si estas acciones son proactivas y eficaces o insuficientes, los resultados futuros pueden variar considerablemente. He aquí un análisis de estos escenarios potenciales:

Escenario optimista: Acciones proactivas y eficaces

- **Reducir las emisiones de gases de efecto invernadero:** Si las medidas actuales se ajustan a los objetivos del Acuerdo de París, se podría limitar el calentamiento global y reducir el impacto del cambio climático.
- **Mejora de la calidad del aire y del agua:** Una regulación eficaz y una tecnología avanzada podrían mejorar significativamente la calidad del aire y del agua, reduciendo las enfermedades relacionadas con la contaminación.
- **Conservación de la** biodiversidad: **el** éxito de los esfuerzos por conservar los hábitats y proteger las especies podría preservar la biodiversidad.
- **Refuerzo de la salud pública: la** mejora de los sistemas sanitarios y el aumento de la prevención de enfermedades podrían conducir a una población mundial más sana.

Escenario medio: Esfuerzos insuficientes o desiguales

- **Cambio climático moderado:** Si la acción es desigual o se retrasa, el cambio climático podría continuar a un ritmo moderado, provocando fenómenos meteorológicos extremos e impactos medioambientales más frecuentes.
- **Mejoras limitadas de la contaminación:** Las mejoras parciales de la contaminación del aire y el agua pueden no ser suficientes para prevenir completamente las enfermedades relacionadas con la contaminación.
- **Pérdida continuada de biodiversidad:** Sin medidas de conservación más estrictas, la pérdida de biodiversidad podría continuar, afectando a los ecosistemas y a los servicios que prestan.
- **Problemas de salud pública persistentes: Los** avances limitados en los sistemas sanitarios pueden no resolver por completo los problemas de salud relacionados con el medio ambiente.

Escenario pesimista: Falta de acción o acciones ineficaces

- **Cambio climático grave:** Si no se toman medidas significativas contra el cambio climático, podría producirse un gran calentamiento global, con consecuencias catastróficas para el medio ambiente y la sociedad.
- **Deterioro del medio ambiente: La** contaminación continua y la degradación del medio ambiente podrían provocar problemas de salud pública más graves y una reducción de la calidad de vida.
- Crisis de **salud pública:** La falta de mejoras significativas en la atención sanitaria y la prevención de enfermedades podría provocar crisis de salud pública, sobre todo en los países de renta baja.
- **Pérdidas económicas y sociales: Los** graves impactos medioambientales y sanitarios podrían provocar importantes pérdidas económicas e inestabilidad social.

Estos escenarios subrayan la importancia de las acciones y decisiones políticas actuales para configurar el futuro de nuestro planeta y sus habitantes. Una acción proactiva, coordinada y global es esencial si queremos avanzar hacia un futuro más sostenible y saludable.

El papel de la investigación y el desarrollo

La investigación y el desarrollo (I+D) desempeñan un papel fundamental en la resolución de problemas medioambientales y de salud pública. Es esencial para innovar, encontrar nuevas soluciones y mejorar las tecnologías y prácticas existentes. He aquí algunos ámbitos clave en los que la I+D es especialmente crucial:

Innovación tecnológica

- **Desarrollo de tecnologías limpias: la** I+D es esencial para crear tecnologías que reduzcan la contaminación, mejoren la eficiencia energética y fomenten el uso de energías renovables.
- **Biotecnología:** En el campo de la salud, la biotecnología ofrece avances significativos en el tratamiento y la prevención de enfermedades, incluido el cáncer.

Cambio climático

- **Mitigación y adaptación: la** investigación contribuye a desarrollar estrategias para mitigar el cambio climático y adaptarse a sus efectos, en particular mediante el estudio de los ecosistemas, los fenómenos meteorológicos y los modelos climáticos.
- **Secuestro de carbono: la** I+D explora métodos para capturar y almacenar dióxido de carbono con el fin de reducir las concentraciones de gases de efecto invernadero en la atmósfera.

Salud pública

- **Investigación médica: la** I+D es vital para descubrir nuevos medicamentos, vacunas y terapias para combatir toda una serie de enfermedades, incluidas las relacionadas con factores medioambientales.
- **Epidemiología:** la investigación en este campo ayuda a comprender cómo los factores ambientales afectan a la salud pública y contribuyen al desarrollo de enfermedades como el cáncer.

Sostenibilidad medioambiental

- **Gestión de recursos naturales: la** I+D contribuye a desarrollar métodos sostenibles de gestión del agua, el suelo y los recursos biológicos.
- **Agricultura sostenible: la** investigación sobre prácticas agrícolas sostenibles pretende aumentar la productividad minimizando el impacto medioambiental.

Economía y política

- **Análisis económico: la** I+D proporciona análisis esenciales para comprender los costes económicos de los problemas medioambientales y sanitarios y evaluar la eficacia de las políticas.
- **Elaboración de políticas:** la investigación ayuda a formular políticas basadas en pruebas para gestionar eficazmente los retos medioambientales y sanitarios.

Educación y sensibilización

- **Programas educativos: La** I+D ayuda a desarrollar programas educativos para sensibilizar e informar al público sobre cuestiones medioambientales y sanitarias.

La I+D es un motor de progreso e innovación, esencial para afrontar los retos medioambientales y de salud pública de hoy y de mañana. La inversión en I+D es, por tanto, crucial para garantizar un futuro sostenible y saludable.

Visiones innovadoras para un mundo más sano

Para crear un mundo más sano y sostenible se necesitan visiones innovadoras que combinen tecnología, política, educación y cambios de comportamiento. He aquí algunas ideas y conceptos que podrían dar forma a un futuro más saludable:

Ciudad del futuro: planificación urbana sostenible

- **Ciudades verdes:** Diseñar ciudades que incorporen espacios verdes, tejados verdes y muros vivos para mejorar la calidad del aire y proporcionar espacios de descanso.
- **Movilidad sostenible:** Fomento del transporte público, los vehículos eléctricos, las redes ciclistas y los desplazamientos a pie para reducir la contaminación atmosférica y acústica.
- **Edificios energéticamente eficientes:** construir edificios que utilicen energías renovables, materiales sostenibles y tecnologías inteligentes para reducir el consumo de energía.

Innovación sanitaria

- **Medicina personalizada:** uso de datos genéticos y biomédicos para personalizar los tratamientos y la prevención de enfermedades.
- **Tecnología vestible:** desarrollo de dispositivos vestibles que controlan la salud y fomentan estilos de vida saludables.
- **Telemedicina:** utilizar la telemedicina para mejorar el acceso a la asistencia sanitaria, sobre todo en zonas remotas.

Alimentación y agricultura sostenible

- **Agricultura de precisión:** uso de tecnologías como sensores, drones e inteligencia artificial para que la agricultura sea más eficiente y tenga menos impacto en el medio ambiente.
- **Alimentos alternativos:** Fomento del desarrollo y consumo de alimentos sostenibles, como las proteínas vegetales y la carne cultivada en laboratorio.

Economía circular

- **Cero residuos:** avanzar hacia una economía circular en la que todos los productos se diseñen para ser totalmente reciclables o biodegradables.

- **Reutilización y reciclaje:** Fomentar la reutilización y el reciclaje para reducir la producción de residuos y el consumo de recursos.

Energías renovables y limpias

- **Transición energética:** acelerar el cambio a energías renovables, como la solar, la eólica y la hidroeléctrica, para reducir la dependencia de los combustibles fósiles.
- **Almacenamiento de energía:** desarrollo de soluciones eficientes de almacenamiento de energía para gestionar la variabilidad de las energías renovables.

Educación y sensibilización

- **Programas educativos:** Integrar la educación medioambiental y sanitaria en todos los niveles educativos para concienciar desde edades tempranas.
- **Campañas de sensibilización:** utilizar los medios de comunicación y las campañas de comunicación para concienciar a la población sobre los problemas medioambientales y sanitarios.

Cooperación mundial

- **Asociaciones internacionales:** reforzar la cooperación internacional para compartir conocimientos, tecnologías y recursos en la lucha contra los problemas medioambientales y sanitarios mundiales.

Estas visiones innovadoras requieren un enfoque multidisciplinar y la colaboración entre gobiernos, empresas, organizaciones no gubernamentales y ciudadanos. Si adoptamos estas ideas, podremos trabajar juntos para construir un futuro más sano y sostenible para las generaciones venideras.

Capítulo 26

175

CONCLUSIÓN DETALLADA

Resumen de problemas y soluciones

Este resumen de los problemas y soluciones en materia de salud y sostenibilidad medioambientales pone de relieve la complejidad de los retos actuales, al tiempo que destaca posibles vías para encontrar soluciones eficaces. He aquí un resumen de los puntos principales:

Cuestiones clave
- **Cambio climático:** efectos generalizados sobre el medio ambiente, los ecosistemas y la salud humana.
- **Contaminación:** Impacto en la calidad del aire, el agua y el suelo, contribuyendo a diversos problemas de salud, incluido el cáncer.
- **Pérdida de biodiversidad:** Reducción de la biodiversidad debido a la deforestación, la contaminación y el cambio climático.
- **Degradación de los recursos:** sobreexplotación de los recursos naturales que amenaza la sostenibilidad del medio ambiente.
- **Desigualdades sociales y sanitarias:** disparidades en el impacto y la gestión de los problemas medioambientales y sanitarios entre los países y dentro de ellos.

Soluciones propuestas
- **Transición a las energías renovables:** reducir la dependencia de los combustibles fósiles para limitar las emisiones de gases de efecto invernadero.
- **Innovación tecnológica:** desarrollo de tecnologías limpias y eficientes para gestionar la contaminación y mejorar la salud pública.
- **Políticas y legislación:** reforzar los marcos normativos para la protección del medio ambiente y la promoción de la salud.
- **Cooperación internacional:** colaborar a escala mundial para hacer frente a problemas transfronterizos como el cambio climático y la contaminación.
- **Educación y concienciación:** Informar y sensibilizar a la población sobre cuestiones medioambientales y sanitarias para fomentar comportamientos sostenibles.
- **Prácticas sostenibles:** Adoptar prácticas sostenibles en la agricultura, la industria y la vida cotidiana para minimizar el impacto medioambiental.

- **Investigación y Desarrollo:** Invertir en investigación para comprender mejor los retos medioambientales y sanitarios y desarrollar nuevas soluciones.

Integración y enfoque multidisciplinar

- **Enfoque holístico:** Integración de consideraciones medioambientales, económicas y sociales para un enfoque sostenible y equitativo.
- **Colaboración multisectorial: implicar a** diversos sectores -gobierno, industria, sociedad civil y comunidad científica- en la búsqueda de soluciones.

En resumen, abordar los problemas de salud ambiental y sostenibilidad exige una actuación concertada a todos los niveles: local, nacional e internacional. Los planteamientos innovadores e integrados son esenciales para crear un futuro más sano y sostenible para las generaciones actuales y futuras.

Llamamiento a la acción concertada y Multidisciplinar

Ante los complejos problemas de salud ambiental y sostenibilidad, es crucial hacer un llamamiento a la acción concertada y multidisciplinar. Este llamamiento reconoce que las soluciones eficaces a estos problemas requieren la colaboración entre distintos sectores y disciplinas. He aquí los elementos clave de este llamamiento a la acción:

Colaboración mundial

- **Asociaciones internacionales:** reforzar la cooperación entre naciones, organizaciones internacionales, ONG y el sector privado para abordar problemas medioambientales y sanitarios que trascienden las fronteras.
- **Acuerdos internacionales: Participar** en acuerdos internacionales e iniciativas globales para hacer frente a problemas como el cambio climático, la pérdida de biodiversidad y la contaminación.

Integración de disciplinas

- **Enfoque interdisciplinar:** reunir conocimientos especializados de distintos campos, como las ciencias medioambientales, la medicina, la ingeniería, la economía y las ciencias sociales, para desarrollar soluciones integrales.

- **Investigación e innovación:** Fomento de la investigación y la innovación interdisciplinarias para crear nuevas tecnologías y estrategias que protejan el medio ambiente y mejoren la salud pública.

Compromiso político y legislativo

- **Políticas sólidas:** Adoptar políticas y legislación eficaces para regular las actividades contaminantes, promover prácticas sostenibles y apoyar la salud pública.
- **Cumplimiento y supervisión:** Garantizar la aplicación rigurosa de la legislación medioambiental y sanitaria y establecer sistemas de supervisión para evaluar los avances.

Contribución comunitaria

- **Participación pública:** Fomento de la participación activa de las comunidades locales en la toma de decisiones y las iniciativas medioambientales.
- **Educación y concienciación:** concienciar y educar al público sobre cuestiones medioambientales y sanitarias para fomentar un comportamiento responsable.

Inversión y financiación

- **Apoyo financiero:** Aumentar la inversión en tecnologías ecológicas, investigación en salud medioambiental e iniciativas de desarrollo sostenible.
- **Incentivos económicos: Introducir** incentivos económicos para animar a empresas y particulares a adoptar prácticas sostenibles.

Responsabilidad empresarial

- **RSC:** animar a las empresas a adoptar la Responsabilidad Social Corporativa (RSC) e integrar la sostenibilidad en sus modelos de negocio.
- **Innovación en el sector privado:** estimular la innovación en el sector privado para desarrollar soluciones sostenibles y respetuosas con el medio ambiente.

Adaptabilidad y resistencia

- **Planes de adaptación:** desarrollo de estrategias para aumentar la resistencia a los cambios medioambientales y sanitarios, especialmente en las comunidades vulnerables.
- **Gestión de riesgos:** reforzar la gestión de riesgos medioambientales y sanitarios para anticiparse a las crisis y responder eficazmente a ellas.

Este llamamiento a la acción concertada y multidisciplinar subraya la importancia de un enfoque global e integrado para afrontar los retos de nuestro tiempo. Hace un llamamiento a la colaboración, la innovación y el compromiso a todos los niveles de la sociedad para construir un futuro más sostenible y saludable.

Recursos adicionales para profesionales

Guías prácticas y herramientas de referencia

Para los profesionales y las partes interesadas en la salud ambiental, la sostenibilidad y el desarrollo sostenible, las guías prácticas y las herramientas de referencia son esenciales para una actuación eficaz. He aquí una selección de recursos útiles:

Guías prácticas

- **Guías de la EPA (Agencia de Protección del Medio Ambiente):** la EPA ofrece diversas guías prácticas sobre gestión de la calidad del aire, del agua, de los residuos y de los lugares contaminados.
- **Manuales de la OMS:** la Organización Mundial de la Salud publica manuales sobre salud pública, prevención de enfermedades y gestión de riesgos sanitarios medioambientales.

Herramientas de referencia

Bases de datos medioambientales: Bases de datos como el Global Biodiversity Information Facility (GBIF) o el Índice Mundial de la Calidad del Aire proporcionan información crucial sobre diversos parámetros medioambientales.

- **Atlas y mapas medioambientales:** herramientas como Google Earth o Global Forest Watch, del Instituto de Recursos Mundiales, ofrecen visualizaciones interactivas de datos medioambientales.

Recursos en línea

- **Plataformas educativas:** Sitios como Coursera, edX y Khan Academy ofrecen cursos en línea gratuitos o de bajo coste sobre medio ambiente, sostenibilidad y salud pública.

- **Documentación en línea:** acceda a informes, artículos y estudios de casos a través de sitios de publicaciones académicas como PubMed, ScienceDirect y JSTOR.

Aplicaciones y software

- **Software de modelización medioambiental:** herramientas como ArcGIS para cartografía y análisis espacial, o software de modelización climática y medioambiental.
- **Aplicaciones móviles:** aplicaciones para teléfonos inteligentes que proporcionan información en tiempo real sobre la calidad del aire, el tiempo o la huella de carbono.

Libros y publicaciones

- **Libros de** referencia: libros de referencia sobre ecología, salud medioambiental y desarrollo sostenible.
- **Periódicos especializados:** Periódicos y revistas especializados que ofrecen análisis en profundidad y actualizaciones sobre las últimas investigaciones y tendencias.

Foros y redes profesionales

- **Grupos de debate:** Únase a grupos de debate en línea, foros o redes profesionales para compartir conocimientos y experiencias.
- **Conferencias y seminarios web:** Participe en conferencias, seminarios y seminarios web para mantenerse al día de las últimas novedades y las mejores prácticas.

Herramientas de evaluación y análisis

- **Kits de análisis:** utilice kits y equipos para analizar la calidad del agua, del aire y otros parámetros medioambientales.
- **Listas de comprobación y auditorías:** listas de comprobación y guías de auditoría para evaluar el

cumplimiento de las normas medioambientales y sanitarias.

Estos recursos son inestimables porque proporcionan información actualizada, buenas prácticas y estrategias para gestionar eficazmente los retos medioambientales y de salud pública. Son esenciales para los profesionales que deseen mejorar sus competencias, mantenerse informados y contribuir de forma significativa a la sostenibilidad y la salud medioambiental.

Red de contactos
y colaboración profesional

Establecer una red de contactos y colaboraciones profesionales es esencial en los campos de la salud ambiental, la sostenibilidad y el desarrollo sostenible. Una red sólida puede ofrecer oportunidades de aprendizaje, intercambio de conocimientos, colaboración en proyectos e influencia política. He aquí algunos consejos para crear y mantener una red profesional eficaz:

Participar en conferencias y actos profesionales

- **Conferencias y seminarios:** asista a conferencias nacionales e internacionales para conocer a expertos y profesionales del sector.
- **Talleres y formación :** Participe en talleres y cursos de formación para ampliar sus conocimientos y conocer a colegas con intereses similares.

Afiliación a asociaciones profesionales

- **Asociaciones y organizaciones:** Únase a asociaciones profesionales relacionadas con su campo de especialización para acceder a recursos, actos y redes profesionales.
- **Grupos de trabajo y comités:** Participe en grupos de trabajo o comités de estas asociaciones para trabajar en

temas específicos y establecer estrechas relaciones de trabajo.

Utilizar las redes sociales profesionales

- **LinkedIn:** Crea y mantén un perfil profesional en LinkedIn para conectar con profesionales de todo el mundo.
- **Grupos en línea:** únase a grupos en línea en plataformas como LinkedIn o ResearchGate para debatir temas de actualidad y compartir información.

Colaboraciones académicas y de investigación

- **Asociaciones universitarias:** colaborar con universidades o institutos de investigación para participar en proyectos de investigación, publicaciones conjuntas o programas de intercambio.
- **Redes de investigación:** Únase a redes de investigación nacionales o internacionales para colaborar en proyectos interdisciplinarios.

Establecer relaciones con el sector industrial y las ONG

- **Asociaciones público-privadas:** Explorar oportunidades de asociación con empresas comprometidas con la sostenibilidad y la responsabilidad social.
- **Trabajar con ONG: colaborar** con ONG en proyectos, campañas de sensibilización o iniciativas de investigación.

Desarrollo de proyectos conjuntos

- **Iniciativas de colaboración:** lance o únase a iniciativas de colaboración que reúnan a expertos de distintos campos para abordar problemas concretos.
- **Compartir recursos y conocimientos:** intercambie recursos, datos y conocimientos con sus colegas para enriquecer el trabajo de los demás.

Comunicación y seguimiento

- **Manténgase en contacto: mantenga el** contacto con sus colegas y conocidos profesionales mediante actualizaciones periódicas, correos electrónicos o reuniones informales.
- **Mentoring: Sea** mentor de jóvenes profesionales o busque mentores para desarrollar su carrera y ampliar su red de contactos.

Al crear una sólida red de contactos y colaboraciones, no sólo podrá mejorar sus perspectivas profesionales, sino también contribuir de forma significativa a los esfuerzos colectivos por un futuro más sostenible y saludable.

Conclusión

Reflexiones finales

Los debates sobre salud medioambiental, sostenibilidad y desarrollo sostenible subrayan la importancia y urgencia de estas cuestiones en el mundo actual. He aquí algunas reflexiones finales que puede llevarse consigo:

Interconexión de temas

- **Globalidad: los** problemas de salud ambiental y sostenibilidad están interconectados y son globales, por lo que requieren una comprensión y un planteamiento holísticos.
- **Responsabilidad compartida:** Cada individuo, comunidad, empresa y gobierno tiene un papel que desempeñar en la creación de un futuro más sostenible y saludable.

La importancia de la acción colectiva

- **Cooperación: la** cooperación internacional e intersectorial es esencial para afrontar con eficacia los retos medioambientales y de salud pública.
- **Implicación de la comunidad: la** participación activa de las comunidades es crucial para aplicar soluciones sostenibles y eficaces.

El papel de la innovación y la tecnología

- **Tecnología:** Las innovaciones tecnológicas ofrecen potentes soluciones para mitigar la contaminación, tratar las enfermedades y gestionar los recursos naturales.
- **Investigación: la** inversión en investigación es esencial para comprender problemas complejos y desarrollar nuevas estrategias y herramientas.

Educación y sensibilización

- **Conocimiento:** Educar y concienciar a todos los niveles de la sociedad es fundamental para cambiar comportamientos y promover prácticas sostenibles.

- **Formación: La** formación continua de los profesionales de estos campos es crucial para mantenerse al día de los últimos avances y las mejores prácticas.
-

Visión de futuro

- **Sostenibilidad:** Adoptar una visión a largo plazo de la sostenibilidad es crucial para garantizar la salud y el bienestar de las generaciones futuras.
- **Equilibrio:** Es importante encontrar un equilibrio entre el desarrollo económico, la protección del medio ambiente y el bienestar social.

En resumen, los retos de la salud ambiental y la sostenibilidad son vastos y complejos, pero con cooperación, innovación y compromiso compartido es posible avanzar hacia un futuro mejor. Para ello se requiere una acción concertada, una toma de decisiones informada y la voluntad de adaptarse y aprender continuamente.

Llamada a la acción: ¿Qué puedes hacer?

Ante los retos de la salud ambiental y la sostenibilidad, cada cual puede contribuir a su manera. He aquí un llamamiento a la acción para todos, destacando las medidas concretas que puedes tomar:

Para particulares

- **Adopte prácticas sostenibles:** Reduzca su huella de carbono favoreciendo el transporte público, yendo en bicicleta o andando, reduciendo el consumo de energía y optando por productos respetuosos con el medio ambiente.
- **Educación y concienciación: Infórmate** sobre temas medioambientales y comparte tus conocimientos con quienes te rodean.

- **Consumo responsable:** Elija productos sostenibles, reduzca el desperdicio de alimentos y favorezca los productos locales y de temporada.

Para profesionales

- **Innovación en su campo:** Incorpore prácticas sostenibles a su trabajo, ya sea en la empresa, la investigación o la educación.
- **Trabajo en red y colaboración:** Trabajar con colegas y organizaciones para promover iniciativas de sostenibilidad.

Para empresas

- **Responsabilidad Social Corporativa:** Integre la RSC en su modelo de negocio, teniendo en cuenta el impacto medioambiental y social de sus actividades.
- **Innovación ecológica: invierta** en tecnologías limpias y prácticas sostenibles para reducir su huella medioambiental.

Para responsables políticos

- **Políticas inteligentes:** Desarrollar y apoyar políticas que promuevan la sostenibilidad, la protección del medio ambiente y la salud pública.
- **Inversión en investigación e innovación:** destinar fondos a la investigación de tecnologías sostenibles y a la resolución de problemas medioambientales.

Para educadores e investigadores

- **Integración de la sostenibilidad en la educación:** enseñanza de los principios de sostenibilidad y salud ambiental en los programas escolares.
- **Investigación aplicada:** centre su investigación en soluciones prácticas a los retos medioambientales y sanitarios.

Para las Comunidades

- **Iniciativas locales:** Participe o inicie proyectos comunitarios centrados en la sostenibilidad, como huertos comunitarios, programas de reciclaje o campañas de limpieza.
- **Movilización de la comunidad:** Involucre a su comunidad en debates y acciones sobre sostenibilidad y salud medioambiental.

Cada acción, grande o pequeña, contribuye a un futuro más sostenible. Trabajando juntos, podemos marcar una diferencia significativa a la hora de afrontar los retos medioambientales y promover la salud y el bienestar para todos.

Glosario de términos técnicos

Para navegar con eficacia en los campos de la salud ambiental y la sostenibilidad, es útil conocer algunos términos técnicos clave. He aquí un glosario de términos de uso frecuente:

Cambio climático

- **Efecto invernadero:** fenómeno natural amplificado por las actividades humanas, en el que ciertos gases de la atmósfera atrapan el calor, provocando el calentamiento global.
- **Emisiones de gases de efecto invernadero:** gases liberados por las actividades humanas, como el dióxido de carbono (CO_2) y el metano (CH_4), que contribuyen al cambio climático.

Contaminación

- **Partículas finas (PM2,5) :** Pequeñas partículas o gotitas en el aire que pueden penetrar profundamente en los pulmones y causar problemas de salud.
- **Contaminantes orgánicos persistentes (COP):** sustancias químicas resistentes a la degradación

medioambiental y que pueden acumularse en las cadenas alimentarias.

Salud medioambiental

- **Carcinógeno:** Sustancia o agente capaz de provocar cáncer.
- **Bioacumulación:** acumulación de sustancias químicas, como metales pesados o pesticidas, en un organismo vivo.

Sostenibilidad y desarrollo sostenible

- **Huella de carbono:** Medida del impacto de las actividades humanas sobre el clima en términos de cantidad total de gases de efecto invernadero emitidos.
- **Economía circular:** sistema económico diseñado para minimizar los residuos y maximizar la reutilización y el reciclaje de los recursos.

Biodiversidad y ecosistemas

- **Especie amenazada:** especie cuya población está en peligro de extinción debido a cambios medioambientales u otros factores.
- **Servicios de los** ecosistemas: beneficios que los seres humanos obtienen de los ecosistemas, como la purificación del agua, la polinización de los cultivos y la regulación del clima.

Energía y tecnología

- **Energías renovables:** fuentes de energía naturalmente regenerativas, como la solar, la eólica y la hidroeléctrica.
- **Biotecnología:** Utilización de sistemas y organismos biológicos para desarrollar o fabricar productos.

Política y gobernanza

- **Desarrollo sostenible:** Desarrollo que satisface las necesidades del presente sin comprometer la capacidad de las generaciones futuras para satisfacer sus propias necesidades.
- **Normativa medioambiental:** Leyes y normas establecidas para proteger el medio ambiente y la salud pública.

Este glosario no es exhaustivo, pero proporciona una base para comprender los términos clave que aparecen con frecuencia en los debates sobre salud ambiental y sostenibilidad.

Recursos útiles y Lecturas complementarias

Para profundizar en los temas relacionados con la salud ambiental, la sostenibilidad y el desarrollo sostenible, existen numerosos recursos y lecturas complementarias. He aquí una selección recomendada:

Libros y publicaciones

- **"Primavera silenciosa", de Rachel Carson:** un clásico que sensibilizó a la opinión pública sobre los peligros de los pesticidas y estimuló el movimiento ecologista.
- **"La sexta extinción", de Elizabeth Kolbert:** una exploración de las extinciones masivas pasadas y actuales causadas por la actividad humana.
- **Informes del Grupo Intergubernamental de Expertos sobre el Cambio Climático (IPCC):** Proporcionan evaluaciones científicas en profundidad sobre el cambio climático.

Sitios web y bases de datos

- **Sitio web de la Organización Mundial de la Salud (OMS):** Para información sobre salud pública e impactos ambientales.

- **Página web de la Agencia de Protección del Medio Ambiente (EPA):** recursos sobre legislación medioambiental, guías de buenas prácticas y datos sobre contaminación.
- **Global Biodiversity Information Facility (GBIF):** portal de datos sobre biodiversidad de todo el mundo.

Cursos en línea y MOOC

- **Coursera y edX:** ofrecen cursos en línea sobre temas como el desarrollo sostenible, la gestión medioambiental y la salud pública.
- **Khan Academy:** Ofrece recursos educativos gratuitos sobre temas científicos y medioambientales.

Conferencias y seminarios web

- **TED Talks:** charlas inspiradoras sobre temas relacionados con el medio ambiente, la ciencia y la sostenibilidad.
- **Webinarios de la Unión Internacional para la Conservación de la Naturaleza (UICN):** Debates sobre conservación de la biodiversidad y políticas medioambientales.

Periódicos y revistas

- **Nature y Science:** dos de las revistas científicas más respetadas, que publican investigaciones punteras en diversos campos, como el medio ambiente y la salud.
- **National Geographic:** artículos y reportajes sobre medio ambiente, ciencia y cultura.

Organizaciones y redes profesionales

- **Federación Mundial de Asociaciones de Salud Pública (WFPHA):** una red mundial para profesionales de la salud pública.

- **Redes profesionales como LinkedIn:** para estar en contacto con expertos y organizaciones del ámbito de la salud y la sostenibilidad medioambientales.

Documentales y películas

- **"Una verdad incómoda":** Documental sobre el cambio climático, dirigido por el ex vicepresidente estadounidense Al Gore.
- **"Nuestro Planeta" en Netflix:** Una serie documental sobre la belleza natural de la Tierra y el impacto del cambio climático en todos los seres vivos.

Estos recursos ofrecen una perspectiva profunda y diversa de los problemas actuales y futuros del medio ambiente y la salud pública, ayudando a promover una mejor comprensión y una actuación más informada.

Agradecimientos

Gracias por su compromiso con el aprendizaje y el debate sobre los temas cruciales de la salud medioambiental y la sostenibilidad. Su interés por estos temas demuestra una concienciación y responsabilidad hacia nuestro planeta y sus habitantes, que es esencial para lograr un cambio positivo.

No olvide que todo esfuerzo, grande o pequeño, por comprender y actuar en estos ámbitos contribuye a un importante impacto colectivo. Tu voluntad de aprender, compartir conocimientos y participar activamente en estos debates es un paso importante hacia un futuro más sostenible y saludable.

Si tiene alguna otra pregunta, necesita más aclaraciones o le gustaría explorar otros temas, no dude en preguntar. Una vez más, gracias por su compromiso y curiosidad. Siga explorando, aprendiendo y contribuyendo a estos temas vitales.

www.ingramcontent.com/pod-product-compliance
Lightning Source LLC
Chambersburg PA
CBHW070930260726

48661CB00003B/910